京津冀地区农业绿色全要素生产率测算及影响因素研究

黄映晖　唐　衡　郭菁菁　郭晓雁　著

中国农业出版社

北　京

目录

1 绪 论

1.1 研究背景及意义

1.1.1 研究背景

当今世界正面临百年未有之大变局，粮食危机、环境污染以及全球变暖等问题日益加剧。《2022 年世界粮食安全和营养状况》报告指出，2021 年全球受饥饿影响的人数占世界总人口的比重达到 10.4%，与此同时，现代农业发展导致大量农用化学品和有机物等排入水体，硝酸盐是全球地下含水层中最常见的化学污染物。此外，在过去的 30 年里，全球农业和粮食生产产生的温室气体排放量增加了 17%，在全球人为排放的二氧化碳当量中，有 30% 左右来自农业和粮食系统。2021 年的《全球土壤污染报告》指出，日益加剧的土壤污染和废弃物极大地威胁着人类和环境的健康以及世界粮食生产，全世界需要立刻行动起来，以应对这一挑战。

《农业农村污染治理攻坚行动方案（2021—2025）》指出，聚焦突出短板，以化肥农药减量增效、农膜回收利用、养殖污染防治、农村生活污水治理等为重点领域，以长江经济带、京津冀、黄河流域、粤港澳大湾区等区域为重点，强化资源利用、源头减量、减污降碳和生态修复。《农业面源污染治理与监督指导实施方案》提出，到 2025 年，初步控制重点区域农业面源污染，持续稳步推进化肥农药减量化，持续优化农业生产布局，持续提高规模以下畜禽养殖粪污综合利用水平，农业绿色发展取得明显成效。到 2035 年要显著降低重点区域土壤和水环境农业面源污染负荷，农业绿色发展水平得到明显提升。

通过国家层面发布的各种相关政策可以看出，解决问题的关键在于区域农业污染治理以及农业绿色发展，这是农业高质量发展的应有之义，是乡村振兴的客观需要，也是促进"双碳"目标实现的重要支撑，对于保障国家粮食安全和生态安全意义重大。作为我国的首都经济圈，京津冀地区既是北方重要的农业生产基地，也是华北平原极为关键的生态屏障，在区域生态安全格局上具有十分重要的地位。2014 年，以习近平同志为核心的党中央提出京津冀协同发展战略，在《京津冀协同发展规划纲要》中，明确将京津冀交通一体化、生态环境保护和产业升级转移作为三个率先突破的重点领域。农业的发展在京津冀区域协同发展中占有重要地位，推进京津冀现代农业协同发展，有利于形成优势互补、特色鲜明、城乡协同、市场一体的区域发展新格局，对确保京津冀协同发展战略顺利实现意义重大。

近年来，在京津冀协同发展战略布局下，京津冀三地农业合作取得了实质性进展。然而，随着京津冀地区现代农业协同发展进程的不断加快，农业的规模化、集约化、现代化越来越普遍，水资源极度短缺、地下水严重流失、单位面积耕地化肥施用量偏高、农业投入品利用率低、农业资源配置不平等、农业面源污染加剧等问题尤为突出，经济发展和环境治理关系紧张，已成为京津冀城市群发展的"绊脚石"。除此之外，京津冀区域农业合作的水平、层次和领域仍有待进一步提升与拓展，加强京津冀三地的区域协同，共同推动京津冀地区绿色农业发展成为解决一系列问题的关键。因此，选取相关的投入指标、期望产出与非期望产出指标，测算出京津冀地区农业绿色全要素生产率，在此基础上分析其空间相关性，并进行相关影响因素的溢出效应研究，明确未来区域间农业的协同发展方向，对于优化区域农业产业结构，完善区域绿色协同发展机制，促进京津冀地区农业绿色可持续发展尤为重要。

1.1.2 研究意义

（1）研究的理论意义。一方面，国内外学者对农业绿色发展以及区域协同发展均进行了广泛研究，但关于区域间农业绿色协同发展鲜有涉猎。本研究在对京津冀地区农业绿色发展现状进行分析的基础上，利用2004—2020年的相关面板数据，测算出北京市、天津市、河北省以及京津冀地区的农业绿色全要素生产率并对其进行分析。另一方面，本研究通过建立空间计量模型，引入对农业绿色全要素生产率产生影响的各项因素，并对其在京津冀地区的作用机制以及空间溢出效应进行了详细研究，对于区域间农业绿色协同发展研究体系与京津冀地区农业绿色发展理论体系的充实具有重大意义。

（2）研究的现实意义。首先，本研究对北京市、天津市以及河北省农业绿色发展现状进行了分析，指出京津冀地区农业绿色发展过程中存在的问题，为进一步的分析研究奠定了基础。其次，利用图表直观反映出京津冀地区2004—2020年农业绿色全要素生产率变化情况，并分别进行了动态及静态效率分析，发现京津冀地区农业绿色全要素生产率的增长机制。最后，结合空间计量模型，详细分解各影响因素对京津冀地区农业绿色全要素生产率的作用机制以及影响方向。有利于京津冀各地区依托各自优势，确定发展方向，优化产业布局，进行深层次的协同合作，在提高区域农业生产效率以及协同发展水平的同时改善生态环境状况，为基于我国国情的城市群农业绿色协同发展提供相应的决策依据。

1.2 国内外研究综述

1.2.1 国内研究综述

（1）关于绿色发展的研究。国内关于绿色发展的研究始于20世纪90年代初期，在早期大多是关于宏观战略方面的分析，如熊映梧（1994）从经济发展、社会制度以及产业结构等方面对台湾省和海南省的长期产业政策进行了对比分析，指出海南省应该走绿色发展道路。张鸿铭（1999）指出绿色经济是人类社会发展的必然产物，并提出应该建立绿色经济发展机制，找准绿色发展的切入点。刘思华（2000）指出绿色经济以及资源经济向知识经济转变、不可持续发展向可持续发展转变是当代经济社会发展的趋势与潮流。张春霞（2001）指出绿色经济和传统经济在生产力、生产要素、评价指标以及"人"这四个方面存在本质区别。崔如波（2002）指出绿色经济是以生态环境良性循环为基础，以知识经济为主导的 21 世纪持续经济发展的主要形态，并提出建立绿色经济制度是实现绿色发展的当务之急。随着国家战略层面的重视以及绿色发展理念的深入人心，学者们对于绿色发展进行了更加深入的研究。侯伟丽（2004）从人口、消费模式、经济总量、经济结构以及城市化发展五个方面指出中国在绿色发展过程中所面临的挑战，并指出经济体制改革以及知识经济兴起等机遇，最后提出了中国走向绿色发展的对策。王金南、曹东等（2005）分析了制定国家绿色发展战略的必要性，并提出中长期目标以及国家绿色发展的相关指标。胡鞍钢（2005）基于绿色 GDP 视角，分析了中国绿色发展的影响因素以及有利条件，指出绿色发展是中国发展的必选之路。杨多贵（2006）揭示了绿色国家的本质内涵，分别在于自然第一、生态健康以及环境友好，提出了人类发展阶段的概念模型，指出人类最终要进入经济社会可持续发展的绿色文明发展阶段。李晓西（2011）从经济、资源和政策三个方面选取了 9 项指标对中国绿色发展指数进行了测算，阐明了各地区绿色发展的优势与不足。李俐（2017）指出绿色发展评价体系应当包括经济、环境以及经济环境发展的协调性评价。张友国（2018）从公平与效率的角度出发，指出绿色发展的公平内涵在于将经济公平延伸至环境公平，效率内涵在于强调了环境效率这种特殊的经济效率。毛华滨（2020）从经济、技术、制度以及价值四个维度对绿色发展理念进行了深入分析。王凯（2021）以生态文明建设为背景，从自然与城市与人类社会的关系、制度框架与规划战略、人居环境建设等方面对中国的绿色城市化进行了深入研究。张艳

（2022）对中原城市群的绿色发展效率进行了测度，并对其协同提高机制进行了分析。除此之外，也有大量学者以绿色发展为背景，对企业绿色发展、绿色金融、低碳发展、高效节水、税收体系等微观层面进行了研究。

（2）关于农业绿色发展的研究。农业是基础性产业，农业绿色发展对于一个国家的绿色发展具有很大的促进作用，学者们在农业绿色发展方面取得了大量的研究成果。总体来说，可以分为以下四个方面：

第一，对于农业绿色发展基础概念的定性研究，严立冬（2009）从经济学的角度，运用帕累托效率以及柠檬市场等理论对绿色农业的概念进行了推导，指出绿色农业的发展应当兼顾数量、质量、生态以及经济效益四个主要目标，并且需要严格的第三方认证以及标准化管理作为持续发展的保障。刘滨（2010）指出绿色农业是利用先进的理念和技术，以生态、资源、农产品安全以及经济效益的提高为目标，以农业标准化为手段，促进人类经济社会全面协调可持续的一种农业发展模式。金书秦（2020）从去污、提质和增效三个方面对农业绿色发展的概念以及阶段进行了界定。尹昌斌（2021）认为农业绿色发展模式是更加注重资源节约、生态友好以及产品品质的高质量发展模式，从本质上要求农业从粗放经营向质量和效益集约经营转变。

第二，结合相关政策背景，对绿色农业展开研究分析。王欣（2015）指出城乡一体化在对湖南省的绿色农业发展带来资金、技术以及市场等机遇的同时，也面临着发展基础薄弱、政策扶持力度较低以及诸多绿色农产品生产方面的问题。熊肖雷（2021）对产业融合视角下贵州省的城乡绿色农业产业链协同发展进行了研究；刘巍（2022）以乡村振兴战略为背景，从经济、政治、文化、社会以及生态五个维度对农业绿色发展进行了探讨，指出生态农业产业化是根本、良好的政治生态是保障、农耕文化是基础、绿色民生是目标、生态文明建设是方向。王勇（2022）指出在供给侧结构性改革背景下，调整农业产业结构是解决农村生态问题的关键。张康洁（2023）提出在"双碳"目标下，未来的农业绿色发展应更加注重对于新内涵的科学界定与系统性梳理，精准诊断关键问题与未来的发展重点，最后从完善服务推广与价格机制、农业产业转型升级、融入多元化元素以及注重标准化和绩效评价四个方面提出进一步创新农业绿色发展体系。高永祥（2023）以新发展格局下江苏省农业绿色发展作为研究对象，从管理机制、资金投入、污染治理、支撑体系四个方面指出了农业绿色发展的实现路径。

第三，关于农业绿色发展问题、现状以及发展路径等方面的研究。马期茂（2011）较早对中国农业的绿色发展进行了研究，提出绿色农业发展是中国农业发展的必由之路，他认为环境问题、不健全的农业生产技术体系以及绿色农业产业化经营滞后是中国农业绿色发展的主要制约因素。曹东（2012）在介绍国外绿色发展经验的同时，指出中国的经济绿色发展要进行政策创新。蓝海涛等（2016）对中国现代农业发展趋势、思路及任务进行了探索。于法稳（2018）指出农业绿色发展对于破解新时代社会主要矛盾尤为重要，而水土资源保护是农业绿色发展的核心，最后他对农业绿色发展提出了相关对策建议。焦翔（2019）认为观念、科技、产业、人才和品牌是农业绿色发展的必要条件，并以此为出发点，对中国农业绿色发展的现状、问题及对策进行了研究。杜志雄（2021）通过借鉴美国、日本等国家的农业发展经验，对"十四五"时期以及未来中国的农业绿色发展提出了政策建议。崔健（2021）指出当前中国的农业绿色发展仍然存在农民生态意识薄弱，经济发展方式粗放以及法律制度滞后等问题，认为应当加强宣传教育、加大科技投入并完善顶层设计以提高农业绿色发展水平。王景利（2022）将中国农业绿色发展分为五个时期，分别是初步探索时期、逐渐成长时期、快速发展时期、稳定发展时期以及全面推进时期。

第四，通过构建相应的指标体系，对农业绿色发展水平进行测度以及定量研究。郭迷（2011）从经济效率、绿色生产、绿色产品以及居民生活四个层面选取了共 20 项指标，测算了中国 30 个地区的农业绿色发展水平。魏琦（2018）以资源节约、环境友好、生态保育和质量高效作为一级指标，从中选取了 14 项二级指标构建了中国农业绿色发展指数指标体系。

张彩霞（2018）则以资源利用、产地环境、生态系统、绿色供给以及经济效益作为准则层，选取了 35 项指标作为指标层构建了农业绿色发展指标评价体系。卫斌（2020）从农业资源环境、绿色生产以及农村生活水平三个维度构建了荆州市农业绿色发展评价模型及指标体系。李菲菲（2022）从资源节约、环境友好、产出效益三个方面选取了 16 项指标，采取熵权法对环渤海地区农业绿色发展水平进行了测算。吴强（2023）则从资源节约、环境友好以及产出绿色三个方面选取了 12 项指标，测度了中国农业绿色生产水平，并利用 Dagum 基尼系数及分解方法、Kernel 密度估计法以及空间马尔科夫链等方法对中国农业绿色发展水平的空间差异以及动态演化趋势进行了分析。

（3）关于全要素生产率及绿色全要素生产率的研究。国内关于全要素生产率的研究最早始于 20 世纪 80 年代，郑绍濂（1986）指出全要素生产率就是产出与全部投入要素之比，介绍了国外关于全要素生产率的三种定义，分别是全要素生产率的算术指数、几何指数以及 Divisia 指数，在此基础上，结合中国实际情况，从理论与实践两方面展开了研究。项保华（1987）对全要素生产率的理论含义进行了研究，指出整个社会生产率的水平取决于生产要素、技术水平以及经济体制，生产要素又包括自然资源、物质资源以及人力资源，需要静态地分析这些因素对生产水平的影响，动态地分析它们对全部要素生产率增长的作用。王小波（1992）指出测量全要素生产率的方法可以分为生产函数估计法和指数估计法，并对在中国开展全要素生产率指数估计的可能性进行了探讨。此外，马军、张晓、张玲、惠树鹏、岳鸿飞以及张优智等学者就中国工业全要素生产率的测算、增长路径以及影响因素等进行了研究。梁莉、孙红军以及马宽等学者则从企业层面对全要素生产率展开了研究。

关于绿色全要素生产率的研究从 2008 年开始逐渐深入。许海萍（2008）在绿色 GDP 的研究基础上，分别对长三角地区的全要素生产率以及考虑环境因素的绿色全要素生产率进行了测算，结果发现污染物的排放会对各个城市的技术效率排名产生负面影响，并且在考虑环境因素后，

GDP 与技术效率之间的相关性会减弱。胡晓珍（2011）利用熵值法拟合了环境污染系数，将其作为非理想产出，对中国 29 个省份在 1995—2008 年的绿色全要素生产率进行了测算，并分析了绿色 ML 指数、技术效率以及技术进步率对区域经济增长的影响及演化趋势。张弓（2013）通过分解全要素生产率的增长率发现，技术进步和要素配置效率是全要素生产率增长的主要源泉。宋长青（2014）发现不考虑环境因素会低估全要素生产率，并指出中国 TFP 增长主要来源于技术进步。赵小雨（2018）测算了中国环境污染排放指数，将其作为非期望产出对中国省际绿色增长效率及绿色全要素生产率进行了测算，并从动态与静态两个方面对其进行了分析。李健（2019）测算了中国三大城市群的绿色全要素生产率，结果发现三大城市群绿色全要素生产率偏低，其中珠三角最高，长三角次之，京津冀最低。丁胜（2020）计算了中国 30 个省市在 2000—2017 年的绿色全要素生产率和环境效率值，并从经济发展水平、研发投入以及环境规制等七个方面选取了绿色全要素生产率的相关影响因素进行分析。郭然（2021）从中国产业现状出发，就制造业与生产性服务业协同集聚对绿色全要素生产率的影响机制进行了深入研究。智煜（2022）对中国各大城市群在 2010—2019 年的 TFP 进行了测算，研究发现，全国及东、中、西部城市群 GTFP 不存在 σ 收敛，存在绝对 β 收敛，并且技术进步是其增长的主要驱动因素。

（4）关于农业绿色全要素生产率及影响因素的研究。冯海发（1990）最早使用总要素生产率（Total Factor Productivity，TFP）对新中国成立 40 年来的农业效率进行研究，将中国总要素生产率的变化分为三个阶段，分别为 1949—1966 年的上升趋势期，1967—1978 年的徘徊趋势期，1979—1988 年新的增长时期，指出中国农业 TFP 的增长过程具有增长艰难性、极差较大性以及阶段不平衡性的特点，并说明了中国农业总要素生产率的增长模式属于典型的土地生产率导向模式。陈卫平（2006）研究了中国农业全要素生产率、技术进步与效率的时序变化及空间差异，发现中国大部分省份的农业 TFP 实现正增长，而绝大多数省区在技术进步的同时存在效率损失，并且农业生产率的增长主要来源于技术进步。此外，张永霞、袁开智、李谷成、杨华、王炯等学者也对中国农业绿色全要素生产率进行了测算，并对其变化趋势及效率分解等方面展开了研究。

在农业绿色全要素生产率方面，陈怡最早将总氮、总磷及化学需氧量三种污染物作为农业生产的"坏"产出，对中国在 1998—2008 年基于环境因素的农业生产率进行了测算，结果发现，中国各省市的农业环境技术效率存在较大差异，农业生产率呈逐年增长趋势，环境因素对农业生产率具有明显影响。潘丹（2012）运用方向性距离函数和 ML 指数，测算出加入了水资源以及面源污染因素之后的中国农业 GTFP 以及农业技术效率，指出不考虑资源环境因素将会高估技术进步对农业 TFP 的贡献程度和技术效率的恶化程度，从而可能误判农业 TFP 的增长模式及其蕴含的政策含义。李谷成（2014）在传统 TFP 分析的基础上，采用单元调查评估法将农业生产过程中的总化学需氧量、总氮、总磷的产生量以及化肥流失、畜禽粪污等作为非合意产出变量，对农业绿色生产率的增长源泉进行了分析，指出技术效率提高对于绿色生产率改善具有很大潜力。严先锋（2017）着眼于绿色转型视角，同样通过建立 SBM‑NS‑Overall 非期望产出模型，测算了中国农业 GTFP，并研究农业绿色转型干预机制，指出中国农业发展存在地方政府农业投入存在与农业生产不相匹配的问题，同时农业生产存在结构性问题。李欠男（2019）运用 DEA‑Malmquist 指数方法对 1978—2015 年中国 28 个省份的农业全要素生产率进行测算，在此基础上，使用空间误差模型发现农业 TFP 增长在区域间存在较为明显的差异性，指出考虑空间因素的收敛性更能客观地反映农业发展的地区差距，应充分重视地区间的空间效应。纪成君（2020）首先测算了碳排放约束下中国 2011—2016 年农业 GTFP，在此基础上分析了农业绿色全要素生产率的全局与局部空间相关性，并基于空间角度对其收敛性进行了探究，研究发现观测期间中国农业绿色全要素生产率存在显著的空间相关性，同时表现出较强的空间集聚特性，为政府在协调区域发展方面提供了证据。赵丹（2021）测度了 2003—2017 年我国 30 个省份的 GTFP，发现中国省域 GTFP 增长存在显著的空间正相关性。史常亮（2021）通过测算农业全要素生产率并对其收敛性进行检验，结果发现：在不引入空间效应的情况下，会高估农业全要素生产率的收敛性，而在考虑了空间溢出效应后，则同时表现出绝对 β 收敛和条件 β 收敛趋势，且绝对收敛速度显著慢于条件收敛速度。另外，这种空间收敛还表现出区域性、阶段性和结构性特征。赵杜羽（2021）利用碳排放系数计算了碳排放量在农业生产中的非期望产出，并对甘肃省 12 个城市的农业全要素生产率进行了测算。郑甘甜（2021）同样利用 GML 指数测度了 1995—2018 年中国 30 个省份的农业环境 TFP，并对其收敛性进行了探讨，发现全国范围及四大区域均存在 β 条件收敛，但不存在显著的 σ 收敛，除东北地区外，全国范围及其他区域均存在 β 绝对收敛，指出中国农业环境 TFP 仍存在较大的改善空间，应加强各省区之间的农业经济联动，充分发挥空间溢出效应，促进各省份农业环境 TFP 逐步收敛。

在有关农业绿色全要素生产率影响因素方面，郑文（2013）利用空间计量，探索了中国省域农业发展的空间分布格局，并揭示了各影响因素的空间溢出效应。魏翔（2018）使用 DEA‐Malmquist 指数法测算分析了福建省各市（县）的农业 TFP，发现农业基础建设、土地利用水平等对福建省农业 TFP 的影响普遍为正且具有明显的正向溢出效应。杨骞（2019）利用 Dagum 基尼系数对农业 GTFP 的空间分异程度及其驱动因素进行了研究，发现东部和西部地区内分异程度较大，中部和东北地区内分异程度较小，而技术进步是这种空间分异的主要驱动因素，自然环境、财政支出、农民收入水平对空间分异影响较大。刘俐（2020）基于 1995—2018 年中国 31 个省份的面板数据，通过建立空间杜宾模型，对农业经济增长的空间相关性进行了研究，结果表明：灌溉、畜牧、机械、土地、劳动力投入对农业经济增长具有积极影响；灾害发生对农业经济增长具有负向影响；各省化肥投入会推动临近省份的农业经济增长，各省的劳动力和土地投入会抑制临近省份农业经济增长；各省的农业经济增长对临近省份存在促进作用。许雅茹（2020）研究发现，经济发展水平、科技投入对中国的农业 GTFP 具有正向影响，城镇化发展水平与农业 GTFP 显著负相关。刘亦文（2021）利用非期望 MinDS‑Meta Frontier‑Malmquist 模型测度了我国农业绿色全要素生产率，发现经济发展、农民收入、财政支农及环境污染治理水平等因素会在不同程度上影响我国农业绿色全要素生产率。

1.2.2 国外研究综述

（1）关于绿色农业的研究。国外对于绿色发展的重视可以追溯到 1962 年，美国人卡逊发表了《寂静的春天》，在书中反思了工业文明对生态环境造成的破坏，引起了各界对于环境问题的关注。1972 年，在罗马俱乐部发表的《增长的极限》一书中，严重质疑了高消耗、高污染的工业化国家增长模式的可持续性。但当时的绿色发展理念主要集中在对于污染的治理方面，1987 年世界环境和发展委员会发表《我们共同的未来》，在倡导降低污染排放的同时，强调对新资源的有效开发和利用，并提高现有资源的利用率。1989 年，英国环境经济学家皮尔斯等人出版《绿色经济蓝图》一书，首次提出了绿色经济的概念，强调通过对资源环境产品和服务进行适当的估价，实现经济发展和环境保护的统一，从而实现可持续发展，并指出节约资源、保护环境以及促进社会福利增加是绿色经济的三个核心要素。关于绿色农业的研究则始于 20 世纪 20 年代的欧洲，之后在英、德、美等国开始发展。20 世纪 80 年代，罗德尔首先提出"可持续农业"概念，美国学术界对传统农业与替代农业展开了争论，并促进了美国"低成本—可持续农业"政策（Low Input Sustainable Agriculture，LISA）的颁布。之后，联合国粮农组织开始关注农业生产与生态环境问题，在 1991 年发布的《登博斯宣言》中，可持续农业被定义为：在管理和保护自然资源的基础上，调整技术和机构改革方向，以确保获得和持续满足目前几代人和今后世世代代人的需要，是一种不破坏环境、适当应用技术、经济上可以生存、社会上可以接受的农业生产系统。1992 年，欧盟的麦克雪利（McSharry）改革方案是最早关于绿色农业的实践，在此基础上，绿色农业的概念逐渐被大众所接受。2002 年，联合国计划署发布《2002

年中国人类发展报告》，指出中国应选择绿色发展道路。2008 年，联合国环境规划署在《迈向绿色经济：实现可持续发展和消除贫困的各种途径》中指出：绿色经济具有资源节约、社会包容以及低碳的特点，并发出"全球绿色经济"的倡议。学术界在之后对绿色农业进行了大量的研究，但尚未形成统一的定义。A. Kahn（2014）指出绿色农业融合了环境管理、公平、健康、利润和家庭等方面的因素，是农业未来的发展方向。A. Bianco（2016）认为农业是一个生产性的经济部门，向绿色农业的转变会带来更多的就业。Matthew N. O. Sadiku 则认为绿色农业包括经济利润、环境管理和社会责任三个方面的内容。

（2）关于全要素生产率的研究。以经济增长理论为基础，逐渐衍生出有关生产率的理论，以单要素生产率理论即单一要素变化与产出变化的关系为起点，学术界对全要素生产率理论展开了研究，即产出增长大于要素投入的增长，这在一定程度上反映了经济增长的质量。随着经济的发展，环境逐渐恶化，学者们提出了绿色全要素生产率，它将资源以及能源消耗引入了投入指标内，并增加了非期望产出指标。美国经济学家索洛在柯布—道格拉斯生产函数的基础上，首次测算了全要素生产率，他在删除劳动和资本生产率后，得到了"索洛余值"，也称技术进步，但这种模型的一个重要缺陷就是无法准确地对资本投入和劳动投入进行测量，从而无法算出准确结果。随机前沿生产函数法（SFA）在一定程度上弥补了索洛余值法的不足，但是 SFA 作为一种经济计量方法，无法测算全要素生产率。DEA 方法则弥补了这种不足，它不需要确定具体的要素价格和生产函数，因此常用来评价效率的高低。Farrell 提出了确定性前沿模型，并对全要素生产率进行分解，包括前沿技术和技术效率两个部分。Aigner、Lovell和 Meeusen、Broeck 加入随机扰动项，基于 Farrell 的模型提出了随机前沿分析方法。Chames（1978）根据相对效率的概念，提出了非参数的数据包络分析方法，此后便开始了有关农业全要素生产率的研究。Grilliches（1957）和 Alston（1998）研究发现，农业全要素生产率的提升将会促进农业产出的增长。Jorgenson（1992）指出 1945 年后美国农业

82%的经济增长来源于农业绿色全要素的增长。Hayami（1970）验证了农业技术进步对于日本的经济增长的明显促进作用。Kalirajanetal（1996）发现农业技术进步是中国农业技术效率增长的主要来源。Oskam A.在农业全要素生产率的研究中最早引入农业生态环境因素，由此提出了农业绿色全要素生产率的概念，之后有诸多学者作了实证和理论创新，如 Ball V. E.（2004）提出利用 DEA - Malmquist 指数来测度农业绿色全要素生产率，并创造性地提出了可以衡量农业生态环境变化情况的 Fisher 生产率变化指数。Rezek 和 Richard（2004）通过研究发现，考虑了碳排放后的农业全要素生产率低于正常的农业全要素生产率。Hoang V. N.（2011）采用附带参数的随机前沿分析方法，将农业生态环境作为投入要素，进行了相关实证研究。Kuosmanen T.（2013）提出一种半参数的数据包络模型，结合随机前沿分析方法和数据包络分析方法，对世界经济合作与发展组织国家的农业绿色全要素生产率进行了分析。

1.2.3 国内外研究综述

经过对以上相关文献的研究和梳理，关于农业绿色全要素生产率以及相关影响因素的研究已经较为成熟，这些丰富的研究成果为本研究提供了很大的帮助。但综合来看，仍存在一些不足：第一，当前有关农业绿色全要素生产率的研究大多针对全国和省级面板数据进行测算，容易因研究范围过大而导致对政策、相关规划的实施可能性较小，少部分研究针对单个省或者地级市层面，又会因研究范围过小而导致缺乏区域整体性的问题。第二，相关针对农业绿色全要素生产率影响因素的研究不够深入，大部分对常见的经济发展水平、人力资本、水土资源、财政补贴等因素进行分析，极少数对更深层次的产业布局与农业全要素生产率之间的相关作用机制进行研究。第三，当前针对区域层面的农业 GTFP 的空间相关性以及相关影响因素的空间溢出效应的研究较少。

基于以上问题，本研究结合京津冀协同发展战略，以京津冀城市群为研究对象，测算其农业 GTFP 并对其空间相关性进行检验。在此基础上，引入相关影响因素指标，通过建立空间计量模型，对其进行空间溢出效应研究，以期为促进京津冀地区农业绿色发展提出相关的具有可实施性的对策建议。

1.3 研究目标与内容

1.3.1 研究目标

本研究以京津冀地区的 13 个城市作为研究对象，选取 2004—2020 年的相关面板数据，对京津冀地区的农业绿色发展现状以及农业 GTFP 进行分析和测算，并在此基础上结合空间计量模型，对京津冀地区农业绿色全要素生产率进行空间相关性分析，以确定京津冀地区农业 GTFP 各影响因素的空间溢出效应，从而为促进京津冀地区的农业绿色协同发展提供对策建议。

1.3.2 研究内容

本研究以提出问题→理论分析→实证研究→结论与建议为主线展开。从农业绿色发展、传统与绿色全要素生产率等相关文献的梳理出发，对京津冀地区农业绿色全要素生产率以及相关影响因素进行研究。本研究的主要内容包括以下几点：

第一，通过文献阅读及资料收集，搭建研究框架。首先对国内外文献进行综述，了解研究现状，寻找本研究创新与突破点。其次，确定研究方法，明确技术路线。最后，就本研究涉及的理论以及相关概念进行解释说明。

第二，京津冀地区农业绿色发展现状分析。整理北京市、天津市以及河北省的农业相关数据及政策。从生产条件、产出情况、农业投入品使用情况、农业面源污染情况四个方面对京津冀地区农业绿色发展现状进行分析。最后就全国、京津冀、北京市、天津市以及河北省农业绿色发展政策进行分析。

第三，测算京津冀地区农业绿色全要素生产率。结合相关文献及研究结果，以相关统计年鉴的面板数据为基础，基于数据包络分析（DEA）方法，构建 SBM 方向性距离函数，以区分期望产出和非期望产出，并结合 Malmquist-Luenburger（ML）指数对京津冀地区农业绿色全要素生产率进行测算，并对其进行静态和动态效率分解。一方面，从时间维度对京津冀地区整体农业绿色全要素生产率与未引入环境因素的农业全要素生产率的变化趋势进行对比分析，确定各项效率指数对农业绿色全要素生产率的影响。另一方面，从空间维度对京津冀地区农业绿色全要素生产率的地区差异进行分析，进而明确各地区提高农业绿色全要素生产率的方向。

第四，基于空间计量模型的影响因素实证分析。在第四部分对京津冀地区农业绿色全要素生产率进行测算的基础上，首先，采用经济距离空间权重矩阵，利用 Moran's I 指数对京津冀地区的农业绿色全要素生产率的全局自相关性和局部自相关性进行检验。其次，从农林牧渔投资、经济发展水平、工业化、第一产业集聚、一二产业协同集聚、一三产业协同集聚、城乡居民收入差距、城镇化水平、环境规制九个方面选取对农业绿色全要素生产率产生影响的相关指标。最后，建立空间杜宾模型，对上述各项影响因素的空间溢出效应进行分解和研究。

第五，基于上述研究，提出促进京津冀地区农业绿色发展的对策建议。

研究方法与技术路线

1.4.1 研究方法

（1）文献及资料研究法。首先，前期阅读大量有关农业绿色发展、农业绿色全要素生产率以及相关影响因素的学术论文及文献，借鉴相关研究成果，为本研究提供理论基础并明确研究方向。其次，搜集和整理有关我国农业绿色发展、京津冀协同发展等方面的政策资料，明确京津冀地区农业绿色发展的方向，为本研究提供研究思路以及实践基础。

（2）数据包络分析法（DEA）。数据包络分析法具有较高的可靠性和灵敏度，是一种非参数分析方法，可以分析不同计量方式的指标，并忽略指标量纲不统一的问题，对计算过程进行简化的同时，保留完整的原始数据，降低模型对计算结果造成的误差，因此常用于测算农业绿色全要素生产率。Malmquist‐Luenburger 指数基于 DEA 方法构建模型，可以用来测度包含坏产出的绿色全要素生产率。

本研究以北京市、天津市以及河北省辖地级市共 13 个城市作为决策单元（DMU），选取 2004—2020 年的相关面板数据，以农林牧渔业总产值作为产出指标，以农业生产过程中产生的面源污染等标排放量以及碳排放作为非期望产出指标，选取机械总动力、化肥施用量、农药使用量、农膜使用量、农作物播种面积、用电量、农林牧渔业从业人员数量作为投入指标，借助 MaxDEA 软件，运用基于非期望产出的 SBM 模型，结合 Malmquist‐Luenburger 指数对京津冀地区 13 个城市的农业绿色全要素生产率分别进行测算，在此基础上，对其动态及静态效率进行分析。

（3）空间计量模型分析法。建立空间权重矩阵，将 0—1 邻接矩阵与经济距离矩阵进行对比，根据计算结果采用经济距离矩阵进行研究。首先利用 Moran's I 指数，对京津冀地区农业绿色全要素生产率的全局与局部空间自相关性进行分析。其次，选取空间杜宾模型，对财政支持、经济发展水平、工业化、第一产业集聚、一二产业协同集聚、一三产业协同集聚、城乡居民收入差距、城镇化水平、环境规制等各因素对农业绿色全要素生产率的空间溢出效应进行分析。最后，对其进行效应分解，即从直接效应、间接效应以及总效应三个方面继续进行研究分析。

1.4.2 技术路线

基于以上研究内容及方法，本研究将按照以下技术路线展开研究，如图 1-1 所示。

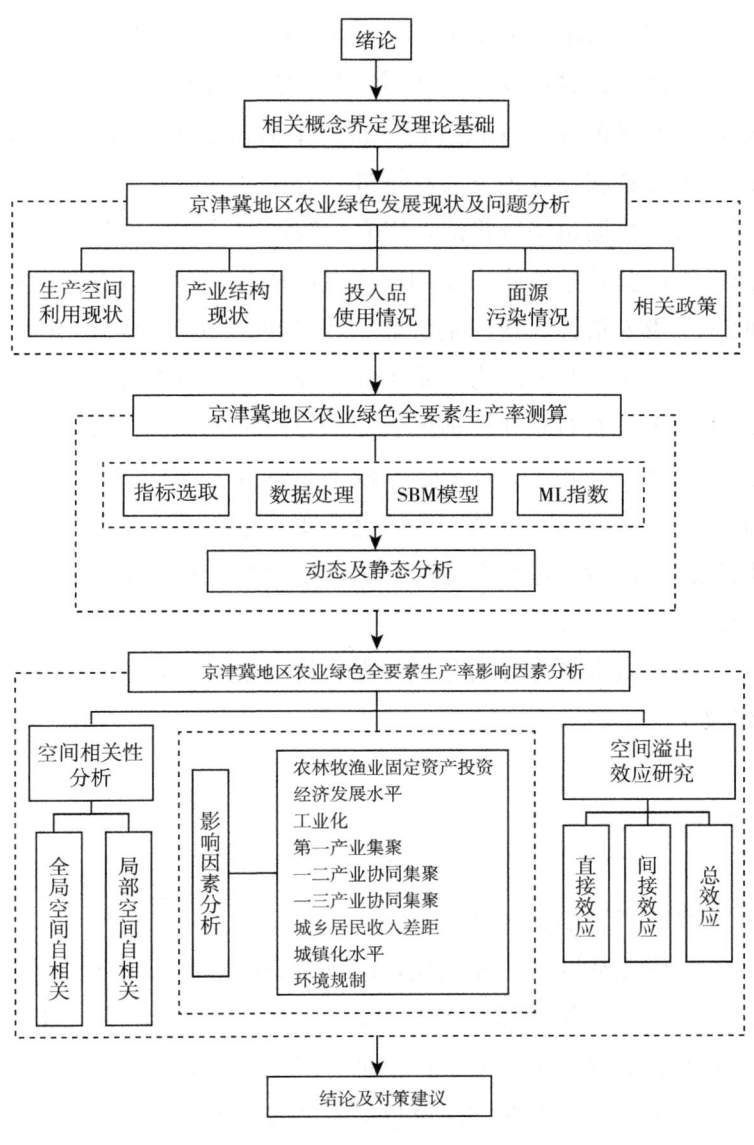

图 1-1　技术路线图

第一，通过阅读相关文献及查阅相关资料，分析整理当前有关农业绿色全要素生产率的研究成果，搭建研究框架，并就涉及的理论及相关概念进行解释。

第二，整理北京市、天津市以及河北省的农业相关数据及政策。从生产条件、产出情况、农业投入品使用情况、农业面源污染情况四个方面对京津冀地区农业绿色发展现状进行分析。最后就全国、京津冀、北京市、天津市以及河北省农业绿色发展政策进行分析。

第三，采用数据包络分析法，以农林牧渔业总产值作为期望产出，以农业面源污染以及碳排放作为非期望产出，从劳动力、资本、资源和能源方面选取 7 项投入指标，使用基于非期望产出的 SBM 模型计算农业绿色全要素生产率，并将其分解为技术进步、纯技术效率以及纯规模效率，从静态和动态两个方面对京津冀地区农业全要素生产率进行分析。

第四，在测算全要素生产率的基础上，首先使用空间计量模型分析其空间相关性。其次，选取有关农业绿色全要素生产率的各项影响因素，分析其作用机制。最后，选取合适的空间计量模型分析各项影响因素的空间溢出效应并进行效应分解。

第五，结合以上各部分的分析研究，得出全书研究结论，并提出相应的对策建议。

1.5 本研究创新之处

本研究具有以下创新之处：

第一，本研究从区域层面出发，以京津冀城市群作为研究对象，把农业面源污染及碳排放作为非期望产出，对 2004—2020 年北京市、天津市以及河北省的农业绿色全要素生产率进行了测算，并从动态及静态两个方面对其进行效率分解。发现京津冀地区农业绿色发展水平差异化显著，并且技术进步是京津冀区域农业绿色全要素生产率增长的主要驱动力。

第二，本研究通过选取空间权重矩阵并建立空间计量模型，发现在选用经济距离矩阵的情况下，京津冀区域各城市间的农业绿色全要素生产率空间自相关性更加显著，即经济因素对于京津冀城市间的要素流动的影响大于距离因素。

　　第三，通过以经济距离矩阵为基础的空间自相关性的分析，本研究发现京津冀地区农业绿色全要素生产率在大部分年份存在负向空间关联效应，并且在近 5 年的空间关联效应最为显著。一方面说明京津冀地区经济发展水平相近的城市间在农业绿色发展方面存在虹吸效应；另一方面说明随着京津冀协同发展战略的推进，经济发展水平接近的区域的农业绿色全要素生产率的负向空间关联性逐渐显著。

2 相关概念及理论基础

2.1 相关概念

2.1.1 绿色农业

传统的高消耗、高污染的粗放型农业在发展过程中，对资源环境造成了极大的负面影响，如土壤板结、地下水超采、白色污染严重、农药化肥过量使用以及农业面源污染等诸多问题。随着环境保护与绿色发展理念的深入人心以及生态文明建设战略的逐步实施，绿色农业以及农业绿色发展也成为一项重要的议题。从本质上来说，绿色农业是对生产方式、生产技术、资源利用以及生产理念的深刻变革，是在促进农业发展、农民增收、农产品产量提升的同时，降低环境污染、减少能源消耗、实现资源循环利用的一种综合性的农业发展概念。涵盖了广义上的农业概念由低级向高级的逐渐演变过程，这个过程将伴随着人类绿色意识的增强、消费偏好的改变、农业生产技术与管理理念的进步、相关制度与标准化体系的完善。

根据农业农村部、国家发展改革委、自然资源部等六部门联合发布的《"十四五"全国农业绿色发展规划》，从资源利用水平、产地环境质量以及减排固碳能力等五个方面提出了中国农业绿色发展的具体目标。并且从农业资源、产地环境、农业生态和绿色供给四个方面提出了全国耕地质量等级、主要农作物农药化肥利用率、绿色有机及地理标志农产品认证数量等11项农业绿色发展评价指标。总体来讲，绿色农业是指充分运用先进的科学技术与管理理念，以农产品标准化为手段，具有开放兼容性、持续安全性、全面高效性以及规范标准性的，推动人类经济社会协调全面可持续发展的一种农业生产模式。

2.1.2 全要素生产率与绿色全要素生产率

在经济学中，生产率衡量的是单位投入所带来的产出量。1931 年以前，一般以每人每小时的产出进行生产率的测算，这可以说是生产率计算的主要起源，在之后衍生出单要素生产率与多要素生产率。单要素生产率测算的是某单一要素的产出率，如劳动、资本和土地等，但无法对整体生产要素的综合产出效率进行衡量，由此便产生了多要素生产率。1942 年 Jan Tinbergen 最早对包括劳动与资金投入的多要素生产率进行了计算，在同一时期，Hiram Davis 于 1954 年出版了《生产率会计学》一书，他就生产率这一概念明确提出以下三点内容：第一，根据不同的产品和投入，将采取不同的单位来计量；第二，静态计量和动态计量分别是指单一时期内的生产率比值和两个时期静态计量的比值；第三，将部分要素生产率与全要素生产率进行对比。因此，Hiram Davis 也被称为全要素生产率计量的先驱。Robert Solow 在柯布·道格拉斯生产函数的基础上，计算出索洛余值。其他的一些学者，如 Denison（1961）、Griliches（1966）、Jorgenson（1961）以及 Gollop（1975）也对全要素生产率的概念及测算方法做出了很大贡献。

然而，以上这些有关全要素生产率的测量仅限于传统的劳动、资本等生产要素，忽视了能源与环境因素对生产率造成的影响。Weitzman（1976）认为人力、物质以及自然资本是经济增长的三大源泉，而环境是自然资本的重要组成部分。Nanenre（2007）指出，不考虑环境因素将会给全要素生产率的测量带来极大的误差。Chambers 和 Chung 提出了环境规制行为分析模型，将具有负外部性的污染排放这一非期望产出与期望产出一起引入生产过程，从理论层面解释了环境因素对于生产率的制约作用。结合本研究绿色可持续发展的研究理念，全要素生产率涵盖了资源消耗、农业面源污染及碳排放等方面，称之为绿色农业全要素生产率（Green Total Factor Productivity，GTFP）。

2.1.3 农业全要素生产率与绿色全要素生产率

根据以上分析可知，全要素生产率是对系统性的多个生产要素与投入要素之间的投入产出关系进行研究，衡量的是多投入与产出之间的综合经济效率，体现了技术进步与技术效率在生产过程中所发挥的作用与经济增长的质量。农业全要素生产率（Agricultural Total Factor Productivity，ATFP）仅考虑了土地、劳动、资本等生产要素对于农业产出的贡献，而忽视了环境问题对于产出的影响，无法表示农业的真实产出水平与可持续性。农业绿色全要素生产率（Agricultural Green Total Factor Productivity，AGTFP）则将面源污染、温室气体排放等农业生产所导致的环境污染纳入考虑范围，将其作为非期望产出引入生产率计算模型之中，综合衡量了农业经济绿色增长的质量。

此外，由于农业有广义与狭义之分，本研究以广义农业绿色全要素生产率作为研究对象，即农林牧渔业的绿色全要素生产率。为便于表达与区分，在下文的描述中，统一将广义的农业称为农业，广义农业绿色全要素生产率称为农业绿色全要素生产率，简称 AGTFP 或农业 GTFP，农业全要素生产率简称为农业 TFP 或 ATFP，狭义的农业则称之为种植业。

2.2 理论基础

2.2.1 经济增长理论

经济如何实现增长是一个经典的经济及管理学问题。从亚当·斯密（Adam Smith）（1972）时代开始，就对其进行了长期的研究与探索。

（1）古典经济增长理论。在《国富论》中，亚当·斯密对国家财富的增长机制进行了研究，他认为关键在于劳动分工、资本积累和技术进步，并以劳动、土地、资本以及效率作为投入要素,提出了有关产出的增长模型。此外,他对法律、制度以及自由贸易等因素对于经济增长的影响也进行了研究。萨伊在《政治经济学概论》中提出,机器与科学是进行财富积累的根本原因,而经济增长的根本动力在于财富积累,并提出了著名的萨伊定律,即需求由供给产生。大卫·李嘉图结合亚当·斯密与萨伊的研究,提出经济增长的主要因素在于资本积累出消费外的剩余部分进行再次投资,并提出了比较优势理论。约翰·穆勒认为扩大生产规模对经济增长存在很大影响,经济增长受劳动、资本、土地、分配制度以及习俗等多种因素影响。受限于当时的社会发展水平,古典经济理论的研究对象主要是物质要素。

(2)新古典经济增长理论。19世纪末,马歇尔创立了新古典经济学派。他认为国家安全状况同劳动、效率、技术以及自然资源等因素一样,共同影响着一个国家的经济增长,此外,他提出均衡价格论,成为微观经济学的主要内容,新古典经济学派由此占据了经济学的主流地位。索洛提出经济增长率由资本和劳动增长率及其边际生产率决定,将技术进步和时间因素引入经济增长模型,计算出索洛余值。

1947年,罗伊·哈罗德和埃弗西·多马构建了哈罗德—多马(Harrod-Domar)模型。他们认为,经济增长取决于全社会储蓄率和反资本—产出比。20世纪初,以凡勃仑为代表的旧制度学派强调了制度因素对经济社会的影响。之后,新制度经济学派进一步将制度变量引入生产函数中,弥补了新古典经济增长模型仅考虑劳动、资本等外生因素的缺陷。

(3)现代经济增长理论与绿色全要素生产率理论。新古典经济学虽然指出技术进步对经济增长的影响,但对索洛余值的出现并未作出解释。现代经济增长理论在新古典经济增长理论的基础上,引入收益递增的假设。1986年,罗默在《收益递增与长期增长》中提出,投资促进知识水平的提高,而知识的外部效应在使其自身收益递增的同时,也使物质资本和劳动等其他生产要素收益递增,而这种收益递增促使了经济的长期增长。

1988 年，卢卡斯（Lucas）引入人力资本的外在效应，提出了以其为核心的内生增长模式。新经济理论提出了技术进步内生经济增长模型，并且在经济增长模型中阐释了人力资本、知识等进行自我积累的过程以及这种过程对长期经济增长的推动作用，进一步完善了经济增长理论。

2.2.2 可持续发展理论

可持续发展理论的诞生可以追溯到 20 世纪 50～60 年代。1962 年，莱切尔·卡逊（Rachel Carson）发表了《寂静的春天》并引起了极大的轰动，在全球范围内引发了人类关于发展的思考与审视。巴巴拉·沃德和雷内·杜博斯于 1972 年发表的《只有一个地球》中指出，应推动人类对于可持续发展的关注。同年，在《增长的极限》中，"持续增长"和"合理的持久的均衡发展"被首次提出。1987 年发表的《我们共同的未来》中正式提出了可持续发展的概念，1992 年，在里约热内卢召开的环境与发展大会上，发布了以可持续发展为核心的《里约环境与发展宣言》《21世纪议程》等文件。1997 年的党的十五大把可持续发展确定为国家战略。在《我们共同的未来》中，可持续发展被定义为："能满足当代人的需要，又不对后代人满足其需要的能力构成危害的发展。"可持续发展以公平性、持续性和共同性作为基本原则，以达到共同、协调、公平、高效、多维的发展作为最终目的。"需要"和"限制需要"是可持续发展的两个基本要素，需要是指首先要满足人类的基本生存需求，限制需要是指减少需求以降低对未来的环境构成的危害。作为一种发展理念，可持续发展强调有效地、有节制地利用不可再生资源、循环利用可再生资源，保护地球这个人类唯一的生存环境。

2.2.3 空间计量理论

在 20 世纪 60 年代的地理计量革命中，Berry 和 Marble（1968）首次提到了空间数据分析技术，即利用空间数据对地理对象的空间效应进行分析，最早对空间计量经济学进行了研究。空间计量的概念则诞生于 20 世纪 70 年代的欧洲，Curry（1970）等深入研究了空间模型的设定和估计问题，提出空间计量框架和模型。1974 年，荷兰统计协会明确了空间计量经济学的概念。Anselin（1988）对空间计量经济学提出了新的定义：在区域经济模型的计量分析中，研究空间因素造成的效应的技术和方法。Anselin 明确提出了空间因素对相关研究结果的影响。Rey（1999）在此基础上，首次运用空间数据分析方法对美国近七十年的人均收入收敛性进行了研究，并验证了空间相关性。进入 21 世纪以来，有关空间计量的研究不断深入、应用领域不断扩大，并逐渐成了计量经济学的主流。

3 京津冀地区农业绿色发展现状^①

3.1 生产条件

3.1.1 土地资源

相关统计数据显示，2020 年全国农作物播种面积为 16 748.7 万公顷，北京市农作物播种面积为 10.2 万公顷，占全国农作物播种总面积的 0.06%；天津市农作物播种面积为 41.92 万公顷，占全国农作物播种总面积的 0.25%；河北省农作物播种面积为 808.9 万公顷，占全国农作物播种总面积的 4.8%。截至 2020 年末，北京市常住人口为 2 189.3 万人，占全国总人口的 1.6%；天津市常住人口为 1 386.6 万人，占全国总人口的 1.0%；河北省常住人口为 7 463.8 万人，占全国总人口的 5.4%。京津冀三地农作物播种面积与全国农作物播种面积之比均远小于三地人口与全国总人口之比。

由图 3-1 可以看出，北京市、天津市、河北省以及京津冀区域农作物播种面积在观测期间整体上呈下降趋势。其中，北京市及天津市农作物播种面积在 2004—2020 年均呈下降趋势，相比于 2004 年，北京市农作物播种面积下降幅度达到 66.4%，天津市为 16.9%。河北省农作物播种面

① 本章图表原始数据来源于《北京统计年鉴》《天津统计年鉴》《河北农村统计年鉴》《中国农村统计年鉴》。

积在 2004—2011 年有所增加，从 2012 年开始逐渐减少，总体下降了 4.1%
左右。京津冀区域农作物总播种面积变化趋势与河北省一致，在 2004—
2011 年波动上升，2011 年达到峰值，在这段时间增加了 4.8% 左右，
2012—2020 年下降幅度达到 11.1%，在整个观测期间下降了 6.8% 左右。

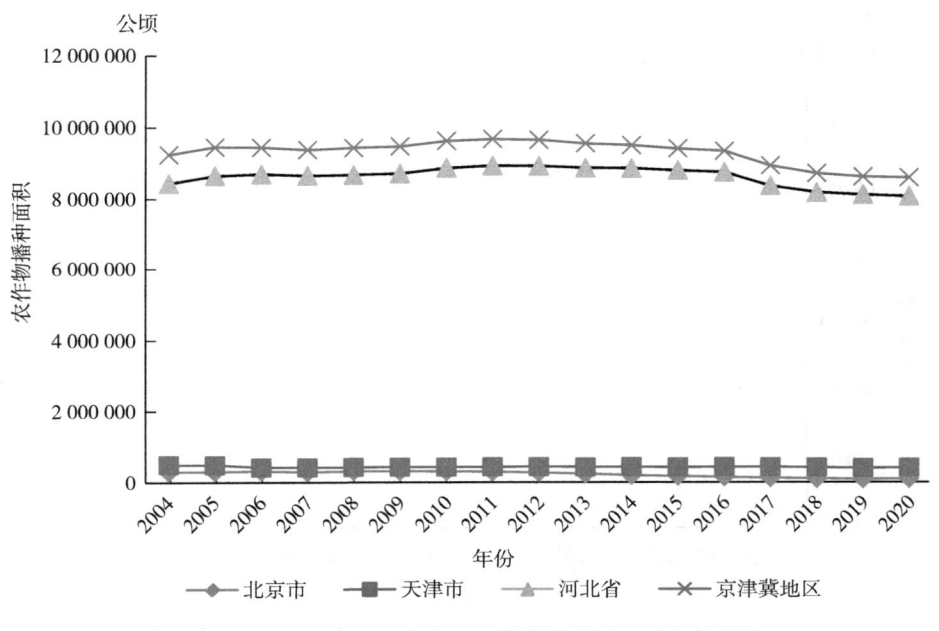

图 3-1 2004—2020 年各地区农作物播种面积变化趋势

3.1.2 灌溉

北京市有效灌溉面积与农作物总播种面积之比在 2004—2020 年总体
上呈上升趋势（图 3-2），在 2004—2006 年、2008—2010 年、2012—
2013 年以及 2019—2020 年有所下降，其余年份均处于稳定上升状态。
2019 年比值最高，有效灌溉面积甚至超过农作物总播种面积，说明北京
市在农业基础设施以及高标准农田建设方面取得了较大成就。2020 年该数
值为 107.25%，相较于 2004 年增长了 74.6%。与北京市相反，这一比值在
天津市大多数年份呈下降状态，2006 年这一比值达到最高点（为 81.34%），
2020 年为 71.35%，与 2004 年相比仅增长了 1.8%。这一比值在河北省总体

上波动幅度较小，2012 年最低（为 46.64%），2020 年为 55.26%，相较于 2004 年的 52.87%增长了 4.5 个百分点，并且在整个观测期间一直为三地区中的最低水平。京津冀区域有效灌溉面积占比变化趋势与河北省的变化趋势基本保持一致，在 2004—2020 年增长了大约 4.75 个百分点。

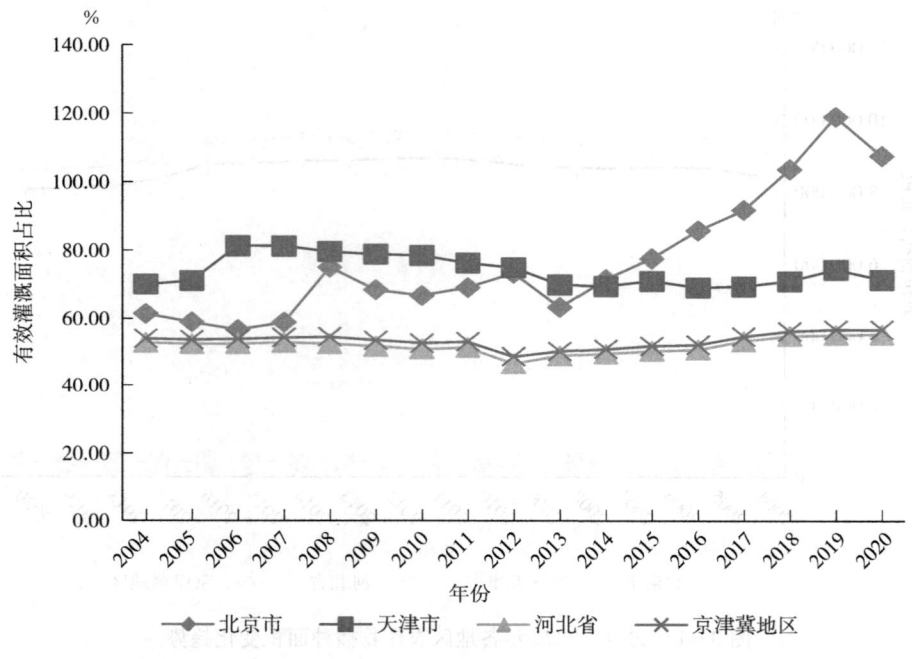

图 3-2　2004—2020 年各地区有效灌溉面积占比变化趋势

3.1.3 投资

本研究选取农林牧渔固定资产投资额（不含农户）作为农林牧渔投资情况的表征指标。北京市、天津市、河北省和京津冀区域农林牧渔投资额在观测期间均有所增长。其中，北京市农林牧渔投资总额以及增长幅度均处于最低水平，在 2013—2017 年有所下降，在 2004—2020 年仅增长了 6.93 倍。天津市农林牧渔投资额增长最快，相比于 2004 年增加了将近 51 倍。河北省农林牧渔投资额最高，在 2004—2017 年处于快速增长阶段，2017 年之后有所下降，在整个观测期间增加了 13 倍左右。京津冀区域整体农林牧渔投资额在 2004—2019 年的变化趋势与河北省一致，2019 年之后，受天津市农林牧渔投资额快速增长的影响，也有所上升，相较于 2004 年增长了 15.7 倍。

3.1.4 机械化水平

（1）机耕水平。由图 3-3 可以看出，北京市机耕比例在 2004—2020 年呈波动下降的趋势，2004 年最高为 49.3%，在 2004—2008 年快速下降至 9.71%，2009 年上升至 29.33%，并在 2009—2013 年保持平稳，在 2014 年降至 6.5%，之后缓慢上升。总体来看，2020 年北京市机耕比例相较 2004 年下降 55.2%。天津市机耕比例在 2004—2020 年波动幅度也较大，但与 2004 年相比，2020 年机耕比例基本保持一致，仅增长 1.5%。河北省机耕比例在 2004—2020 年内呈缓慢上升趋势，2020 年机耕比例相较 2004 年增长 4.4%。通过三地对比发现，天津市机耕比例在三地中始终保持最高，河北省次之，北京市最低。京津冀区域整体机耕水平与河北省保持一致。

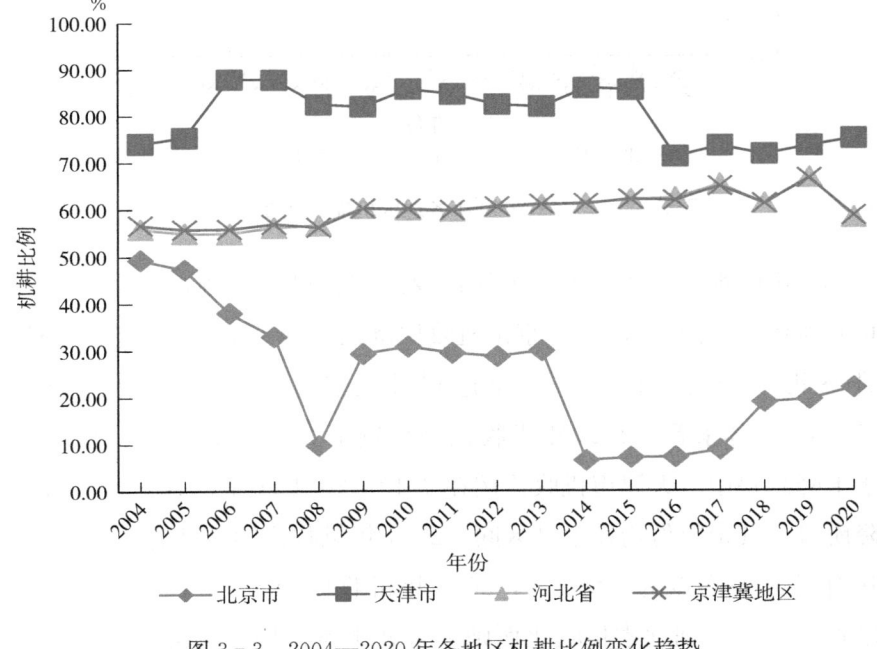

图 3-3　2004—2020 年各地区机耕比例变化趋势

（2）机播水平。由图3-4可以看出，2004—2020年，河北省与天津市机播比例均呈上升趋势，天津市机播比例由2004年的54.85％增长至2020年的90.15％，上升了64.4％。河北省机播比例由56.65％上升至83.21％，相较于2004年增长了46.9％。北京市机播比例在2004—2011年缓慢上升之后逐年下降，最终由2004年的59.31％下降至2020年的44.08％，下降了25.7个百分点。京津冀区域整体机播水平与河北省保持一致。

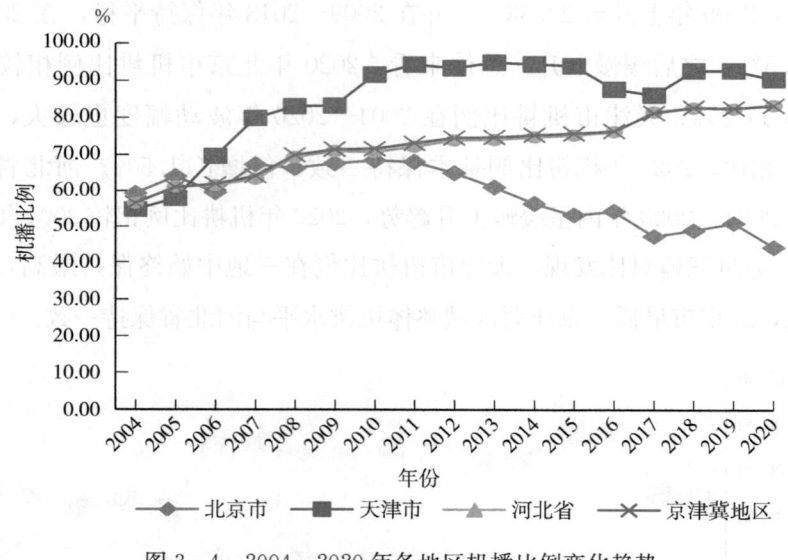

图3-4　2004—2020年各地区机播比例变化趋势

（3）机收水平。北京市、天津市及河北省机收比例在2004—2020年内均有所增长（图3-5）。北京市机收比例在17年间经历了上升→下降→上升→再下降的阶段，2007年达到最低点20.83％，2012年最高为55.53％，总体来看，2020年机收比例相较于2004年增长44.2％，但仍处于下降趋势中。天津市机收比例在2013—2014以及2016—2017年处于下降阶段，其余年份均在上升区间，2004年机收比例最低为51.45％，在2016年达到最高点为90.17％，2020年机收比例为83.56％，相较2004年增长62.4％。河北省机收比例则一直处于缓慢增长趋势，2004年最低值为 26.77%，2020 年最高为 73.56%，增长了将近两倍。京津冀区域整体机收水平与河北省保持一致。

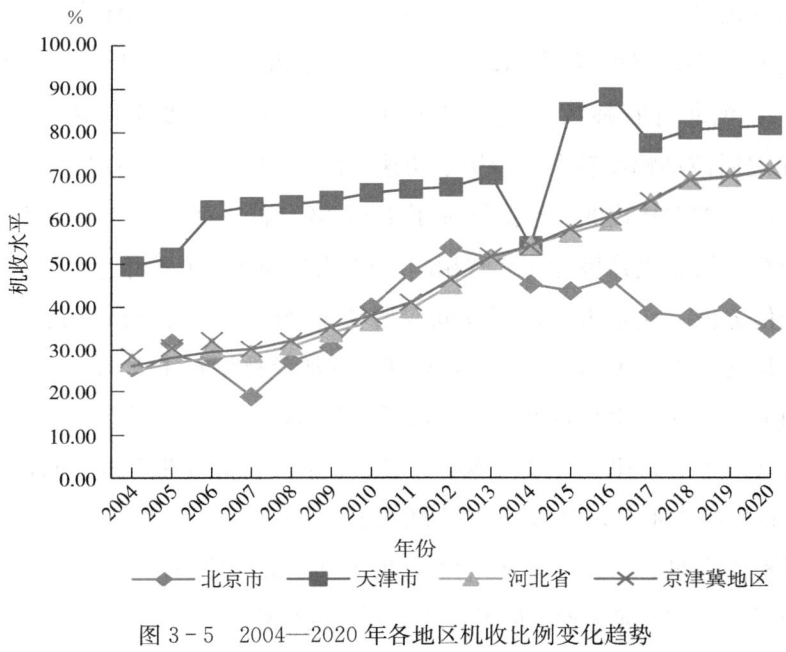

图 3-5　2004—2020 年各地区机收比例变化趋势

3.2 产出情况

3.2.1 产值

相关统计年鉴数据显示，2020 年京津冀区域整体农林牧渔业总产值（不含服务业）为 6 975.73 亿元，其中，种植业产值 3 773.65 亿元，林业产值 348.89 亿元，畜牧业产值 2 542.83 亿元，渔业产值 310.38 亿元。北京市农林牧渔总产值 254.6 亿元，种植业、林业、畜牧业及渔业产值分别为 107.6 亿元、97.7 亿元、45.2 亿元以及 4.1 亿元。天津市农林牧渔业总产值 458.04 亿元，种植业、林业、畜牧业及渔业产值分别为 228.75 亿元、15.73 亿元、145.47 亿元以及 68.09 亿元。河北省农林牧渔业总产值

6 263.10 亿元，种植业、林业、畜牧业及渔业产值分别为 3 437.3 亿元、235.46 亿元、2 352.15 亿元以及 238.19 亿元。

在变化趋势方面（图 3-6），2004—2020 年，北京市农林牧渔业总产值波动幅度最小，仅增长了 11.8% 左右，天津市农林牧渔业总产值增加了 106.9%，河北省农林牧渔业总产值在 2004—2016 年处于快速上升趋势，2014 年之后波动幅度较大，经历了快速下降与快速上升的阶段，与 2004 年相比，河北省农林牧渔总产值增加了 1.67 倍左右。京津冀区域整体的农林牧渔业总产值变化趋势与河北省相同，在观测期间增加了将近 1.5 倍。在种植业产值方面，北京市在观测期间仅增长了 29.5%，天津市增长了 1.4 倍左右，河北省增长了 1.8 倍左右，京津冀区域整体增长了大约 1.7 倍。在林业产值方面，北京市在观测期间增长了 7.6 倍，天津市增长了 8.5 倍，河北省增长 4.6 倍，京津冀区域整体增长了 5.3 倍。在畜牧业产值方面，北京市在观测期间减少了 63.64%，天津市增加了 57.18%，河北省增加了 130.89%，京津冀整体增加了 105.8%。在渔业产值方面，北京市减少了 53.93%，天津市增加了 113.78，河北省增加了 223.84%，京津冀整体增加 171.54%。

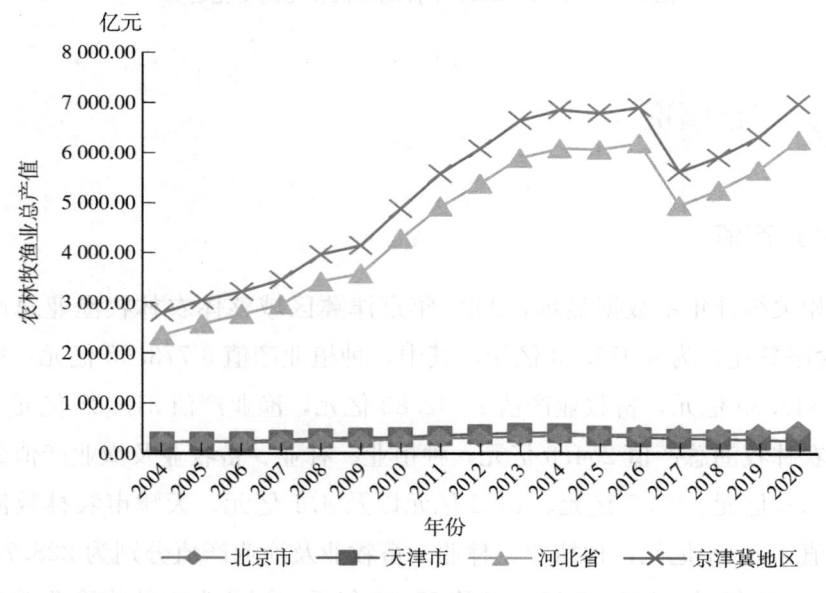

图 3-6　2004—2020 年各地区农林牧渔业总产值变化趋势

3.2.2 产量

根据图 3-7 可知，2020 年北京市粮食总产量 30.5 万吨，在 2004—2009 年逐年上升，2009—2011 年有小幅波动，2011 年以后则呈连续下降趋势，较 2004 年减少 56.6%。天津市 2020 年粮食产量为 228.18 万吨，并且在观测期间一直处于缓慢上升状态，较 2004 年增长了 82.15%。河北省 2020 年粮食产量 3 795.9 万吨，在 2004—2020 年同样呈上升趋势，较 2004 年增长 53.1%。京津冀区域粮食产量变化趋势同河北省一致，在观测期间增长 51.54%。

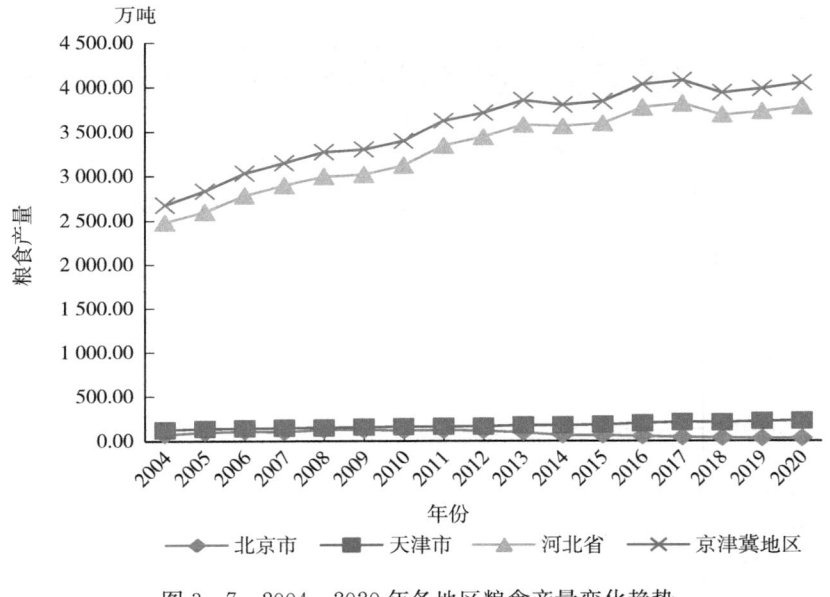

图 3-7　2004—2020 年各地区粮食产量变化趋势

根据图 3-8 可知，除北京市外，天津市、河北省与京津冀区域整体干鲜果品产量在 2004—2020 年均有所增长。北京市 2020 年干鲜果品产量 43 万吨，较 2004 年减少 52.7%。天津市 2020 年干鲜果品产量 32.53 万吨，较 2004 年增长 9.71%。河北省 2020 年干鲜果品产量 1 088.39 万吨，较 2004 年增长 22.26%。京津冀区域整体干鲜果品较 2004 年增产 15.15%。

根据图 3-9 可知，2004—2014 年，北京市及天津市肉类总产量处于

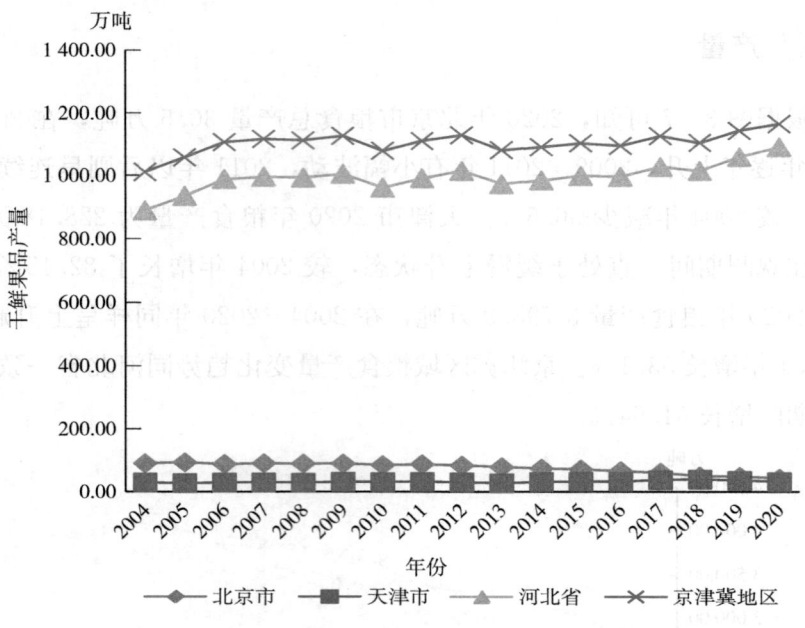

图 3-8　2004—2020 年各地区干鲜果品产量变化趋势

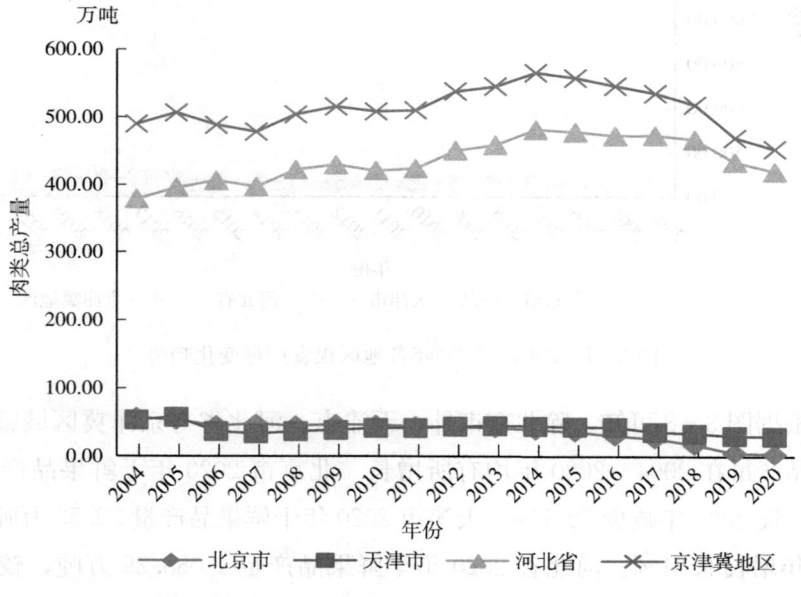

图 3-9　2004—2020 年各地区肉类总产量变化趋势

下降状态，河北省则处于增长趋势中。2014 年之后，各地区肉类总产量均处于连年下降状态。截至 2020 年末，北京市肉类总产量为 3.5 万吨，天津市肉类总产量为 29.61 万吨，河北省肉类总产量为 419.2 万吨，京津冀肉类总产量为 452.31 万吨。与 2004 年相比，北京市肉类总产量减少 93.9%，天津市减少 44.89%，河北省增加 10.67%，京津冀区域整体减少 7.68%。

根据图 3-10 可知，北京市水产品产量在观测期间一直处于下降状态，2020 年产量为 2.3 万吨，相比于 2004 年减少了 65.67%。天津市水产品产量在 2004—2014 年总体上处于增长状态，并在 2014 年达到峰值，为 40.8 万吨，2015 年开始下降，至 2020 年水产品产量为 28.48 万吨，在观测期间减少 8.13%。河北省水产品产量在 2016 年达到峰值，为 119.41 万吨，2020 年产量为 100.34 万吨，较 2004 年增长 8.1%。京津冀区域整体在 2020 年水产品产量为 131.12 万吨，在观测期间增长了 0.46%。

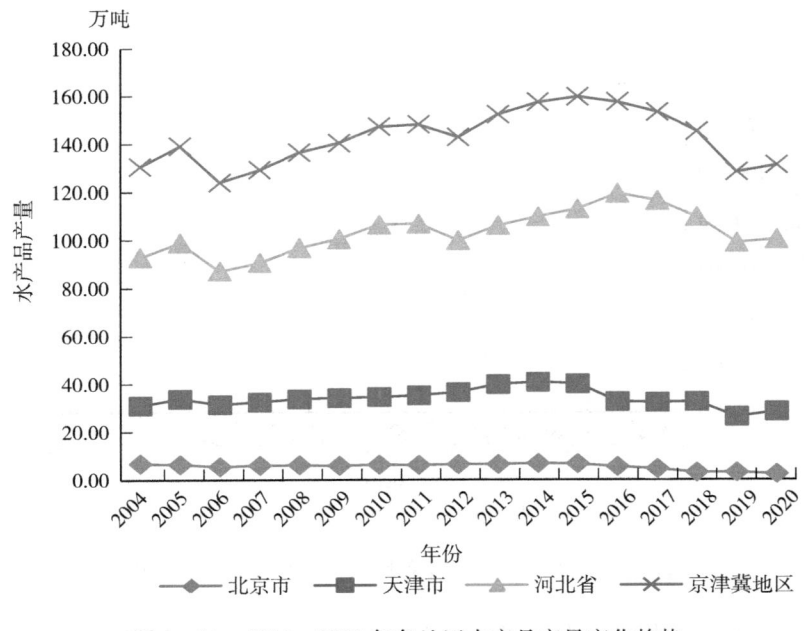

图 3-10　2004—2020 年各地区水产品产量变化趋势

3.2.3 生产效率

（1）劳动产出率。在劳动产出率方面（图3-11），总体来看，2004—2020年，北京市、天津市以及河北省三地农林牧渔业劳动产出率均呈上升趋势。北京市的劳动产出率在2004—2014年一直处于上升趋势，并在2014年达到最高点，此时每一位农林牧渔业从业人员每年创造出8.02万元的农林牧渔业产值。但在2014—2017年下降较多，在2017—2019年开始缓慢上升，之后有小幅下降，至2020年北京市劳动生产率为6.38万元/人，相比于2004年增加了66.98%。天津市劳动生产率在2004—2020年一直处于增长趋势中，其中2010—2016年增速较快，2019—2020年增长幅度最大，2020年天津市农林牧渔业劳动生产率达到13.23万元/人，相较于2004年增长了两倍。河北省劳动生产率变化趋势与北京市较为相似，均经历了上升→下降→再上升的阶段，2020年农林牧渔业劳动生产率为7.74万元/人，与2004年相比增长了178.1%，并且一直处于三地区中的最低水平。

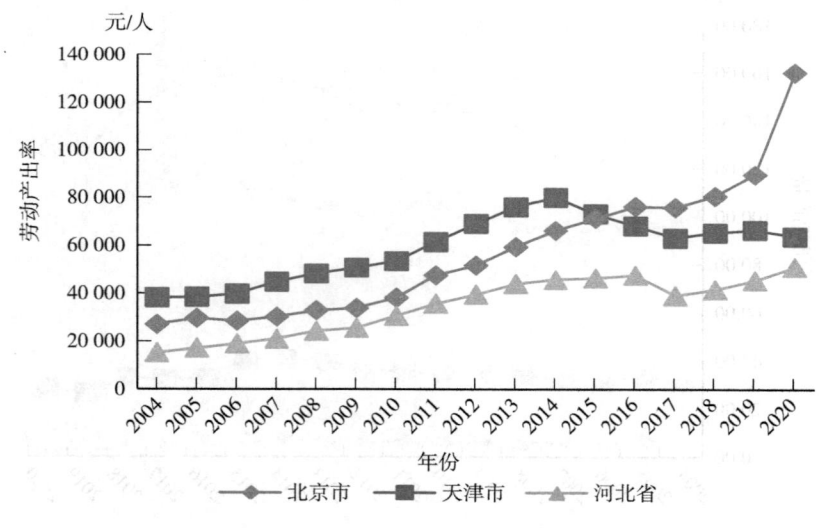

图3-11　2004—2020年各地区劳动产出率变化趋势

（2）土地产出率。在土地产出率方面（图3-12），北京市土地产出率一直大于天津市与河北省，并且在经历2004—2010年的缓慢增长之后，在2010—2019年，土地产出率增速加快，但2019—2020年有较大幅度的下降，截至2020年，北京市土地产出率为24.96万元/公顷，相较于2004年增长了2.3倍。天津市与河北省的土地产出率变化趋势较为一致，总体上均处于增长状态，但从2010年开始，与北京市的差距逐渐增大。2004—2020年，天津市土地产出率增加了128.95%，河北省则增加了178.08%。

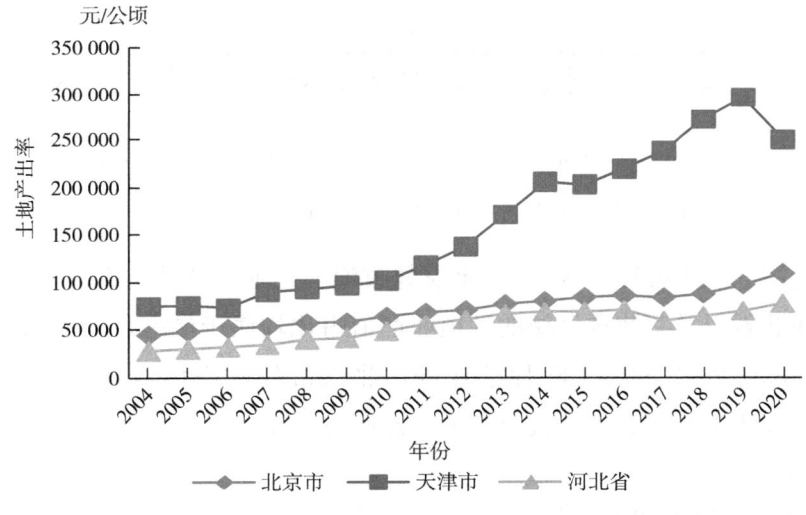

图3-12　2004—2020年各地区土地产出率变化趋势

3.2.4 产业结构

如图3-13所示，三地区农林牧渔业产值占总产值的比重均呈下降趋势。北京市最低，由2004年的3.64%下降至2020年的0.71%，共降低了2.93个百分点。天津市农林牧渔业产值比重由2004年的8.44%下降至2020年的3.25%，下降了5.19个百分点。河北省的农林牧渔业产值比重远大于北京市与天津市，并且在经历了2004—2017年的下降之后开始缓慢上升，2017年达到了最低点14.52%，2020年为17.24%，相比于2004年下降了9个百分点。

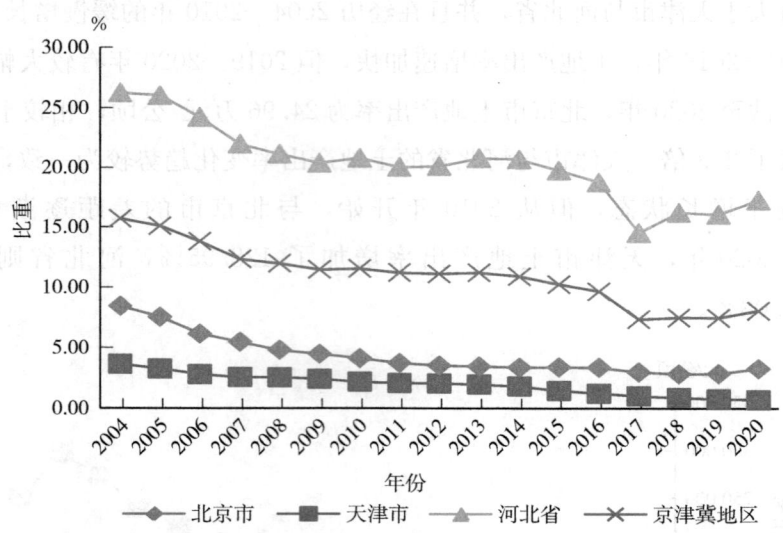

图 3-13 2004—2020 年各地区农林牧渔业产值占生产总值的比重

由图 3-14 可知，在 2020 年农林牧渔业产业结构中，北京市、天津市、河北省以及京津冀区域的种植业产值占比均属于最高，分别为 42％、50％、55％以及 54％。除种植业外，北京市林业产值占比最高，达到38％，天津市及河北省畜牧业产值占比最高，分别为 32％和 37％。另外，

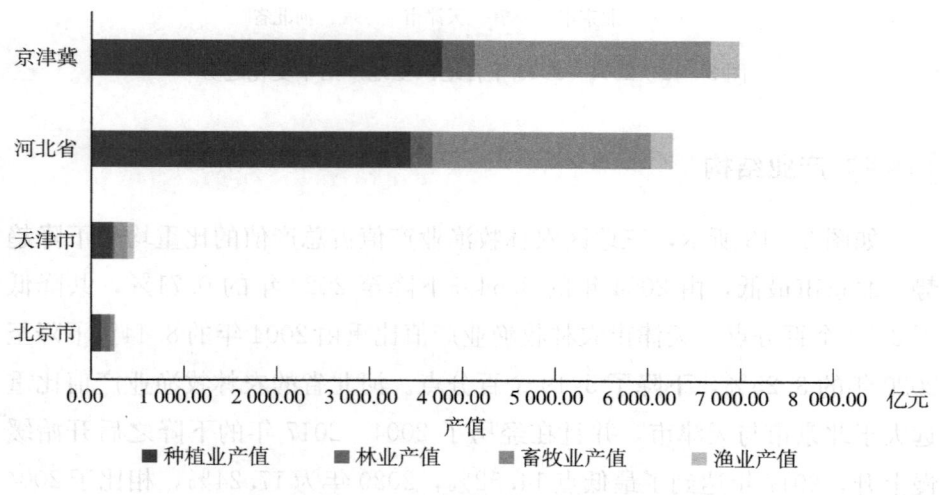

图 3-14 2020 年各地区农林牧渔业产值构成

由于天津市独特的地理位置以及沿海资源，渔业产值占比处于三地区中的最高水平，达到了15%，林业产值则占比最少，仅有3%。河北省林业和渔业产值占比较低，均为4%。京津冀区域整体的农林牧渔业产值结构同样受河北省影响最大，并与其保持一致。

3.3 农业投入品使用

3.3.1 农药

2020年，京津冀区域农药使用量共5.9万吨，其中，北京市使用0.2万吨，天津市同样使用0.2万吨，河北省使用5.5万吨。由于各地区耕地面积差别较大，为便于对比各地区农药使用情况，本小节及下文关于化肥、农膜及柴油使用情况的分析均以单位耕地面积投入量进行描述。

如图3-15所示，2004—2020年北京市每公顷耕地的农药使用量经历了下降→上升→再下降的过程。其中，2004—2008年处于下降状态，并在2008年达到了观测期间的最低点，每公顷耕地农药使用量为0.012吨。从2008—2019年，农药使用量均保持增长趋势，2019年每公顷农药使用量为0.025吨，2020年降至0.021吨，相比于2004年，增长了16.67%。此外，北京市的每公顷耕地农药使用量始终大于天津市与河北省。河北省农药使用量在观测期间变化较为平稳，2004—2017年，几乎保持不变，2017年以后下降幅度较大，2020年河北省每公顷耕地农药使用量为0.007吨，相较于2004年减少了22.2%。天津市农药使用量的变化趋势与河北省相似，但在2004—2006年增长幅度较大，2016—2017年下降幅度较大，2018年之后变化幅度较小。至2020年，天津市每公顷耕地农药使用量为0.005吨，相比于2004年减少16.67%，并且一直位于三地区中的最低水平。京津冀区域农药使用情况则与河北省相吻合。

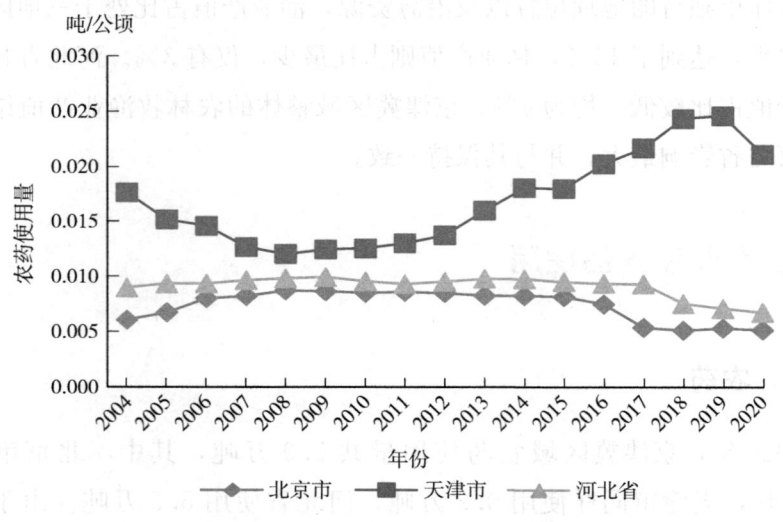

图 3 - 15 2004—2020 年各地区每公顷耕地农药使用量

3.3.2 化肥

2020 年，京津冀区域化肥施用量为 307.1 万吨，北京市化肥施用量 6.1 万吨，天津市 15.3 万吨，河北省 285.6 万吨。根据图 3 - 16 可知，北京市化肥施用量变化趋势与农药使用量相似，2004—2008 年缓慢下降，并且 2008 年每公顷耕地化肥施用量最低，为 0.422 吨。2008—2018 年处于上升状态，至 2018 年达到最高点，此时北京市每公顷耕地化肥施用量为 0.689 吨，2018 年之后开始下降，2020 年降至每公顷 0.598 吨，在整个观测期间，北京市每公顷耕地化肥施用量增加了 20.2%。天津市化肥施用量变化趋势则与北京市大致相反，在 2004—2007 年呈上升趋势，2008 年开始下降，至 2013 年开始低于北京市每公顷耕地化肥施用量，2020 年降至每公顷耕地施用化肥 0.365 吨，比 2004 年下降了 19.4%。河北省化肥使用情况保持平稳，2004—2017 年保持较小幅度的增长，在 2017 年达到最高点，每公顷施用化肥 0.384 吨，2017 年之后有所下降，2020 年每公顷耕地施用化肥 0.353 吨，相比于 2004 年增加了 2.6%。

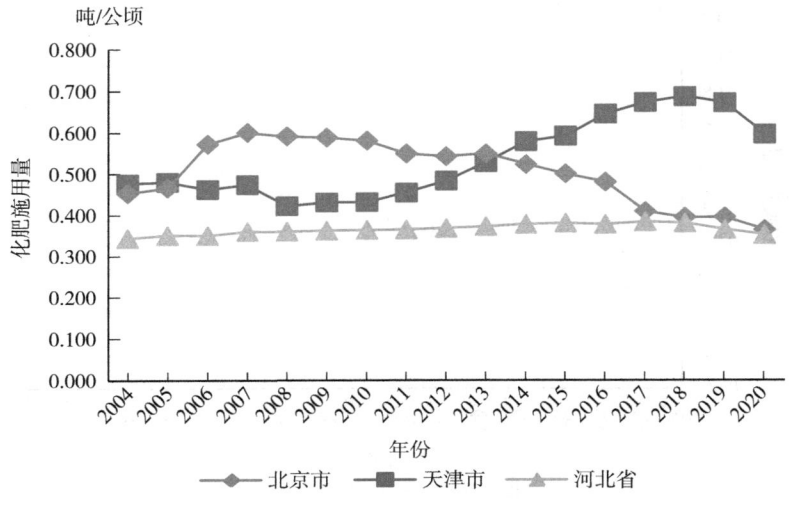

图 3-16　2004—2020 年各地区每公顷耕地化肥施用量

3.3.3 农膜

在农膜使用量方面，2020 年京津冀区域共使用 11.9 万吨，其中，北京市使用 0.76 万吨，天津市与北京市相同，河北省使用 10.4 万吨。如图 3-17 所示，北京市农膜使用情况整体增长幅度较大，天津市与河北省变化则相对平稳。除 2005—2006 年、2007—2009 年以及 2019—2020 年之外，北京市每公顷农膜使用量均保持上升态势，2007 年和 2019 年为农膜使用量的两个高峰节点，分别为每公顷耕地使用农膜 0.05 吨、0.84 吨，2020 年农膜使用量为每公顷 0.074 吨，在整个观测期间增加了 124.2%。天津市农膜使用量整体上呈下降状态，并且波动幅度较小，相比于 2004年，2020 年天津市每公顷农膜使用量减少了 30.8%。对于河北省来说，2004—2016 年，每公顷农膜使用量保持小幅度的增长，2016 年最高为 0.016 吨/公顷，之后开始小幅下降，2004—2020 年，河北省每公顷耕地农膜使用量仅增加了 8.3%，并且始终低于北京市与天津市农膜使用量。

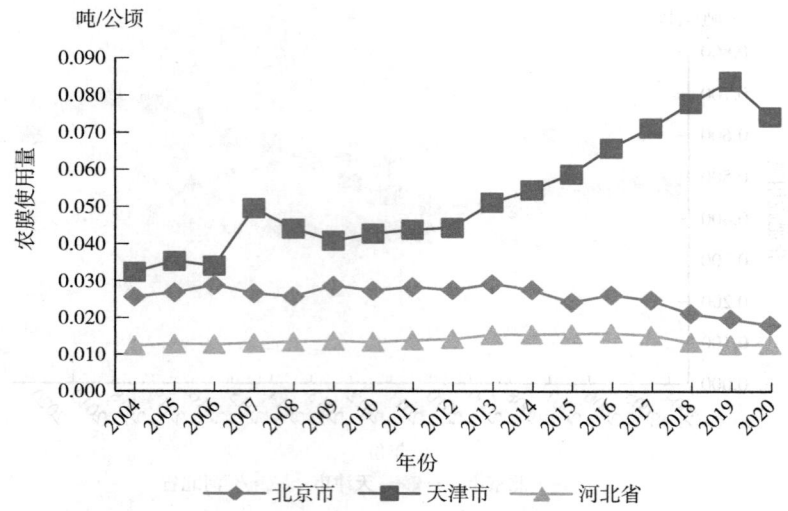

图 3-17　2004—2020 年各地区每公顷耕地农膜使用量

3.3.4 柴油

　　2020 年北京市农业生产消耗柴油 1.7 万吨，天津市消耗 2 万吨，河北省消耗 14.1 万吨。由图 3-18 可以看出，北京市、天津市以及河北省

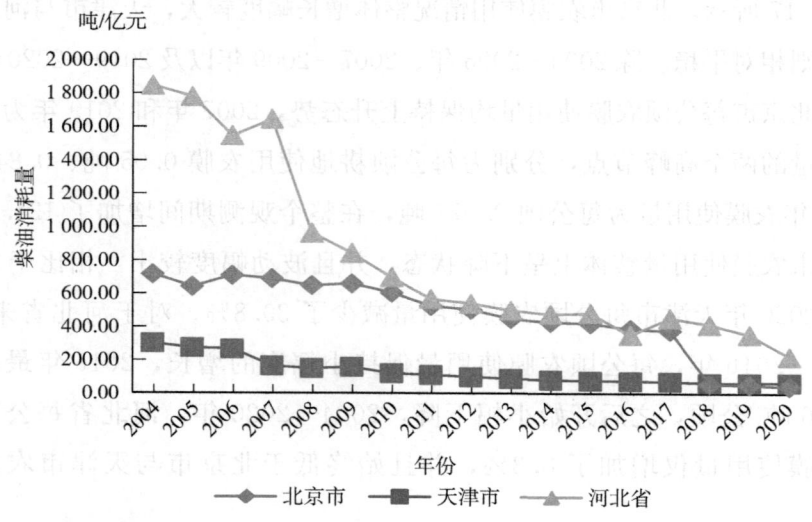

图 3-18　2004—2020 年各地区单位农林牧渔业产值柴油消耗量

的单位农林牧渔业产值柴油消耗量均呈下降趋势。其中，河北省在 2006—2007 年以及 2016—2017 年柴油消耗量有一定程度的增加，但其余年份下降较为迅速，从 2004 年每单位农林牧渔业产值消耗柴油 1 846.98 吨降至 2020 年的 224.37 吨，降低了 87.9％。天津市柴油消耗情况在 2004—2018 年下降趋势较为明显，并且 2017—2018 年下降幅度最大，降低了 84.6％，2018—2020 年保持平稳，2020 年单位农林牧渔业产值消耗柴油 43.66 吨，相比于 2004 年下降了 93.9％。北京市柴油消耗情况属于三地区中的最低水平，并且下降趋势较为平稳，相比于 2004 年，2020 年单位农林牧渔业产值柴油消耗量下降了 78％。

3.4 农业面源污染

3.4.1 面源污染排放量

2020 年，北京市农业面源污染等标排放总量达到 2 214.1 万立方米[①]，天津市面源污染等标排放量为 5 721.5 万立方米，河北省面源污染等标排放量则达到 79 719.1 万立方米。在变化趋势方面，由图 3-19 可以看出，北京市、天津市以及河北省单位农林牧渔业产值的面源污染等标准排放量在观测期间均有大幅度下降。2004 年，北京市面源污染情况比河北省与天津市严重，但下降速度最快，从 2004 年的单位农林牧渔业产值面源污染等标排放 444.92 立方米下降至 2020 年的 86.97 立方米，共降低了 80.5％。天津市单位农林牧渔业产值面源污染等标排放量在 2005—2006 年以及 2010—2011 年有小幅度的增加，在 2006 年达到顶点，单位农林牧渔业产值面源污染等标排放量为 447.75 立方米，其余年份均处于下降趋势中，至 2020 年，单位农林牧渔业产值面源污染等标排放量为

---

① 面源污染等标排放量由农用化肥、农田固体废弃物、禽畜养殖、水产养殖以及乡村生活五个单元构成，详细计算方式见第四章非期望产出测算部分。

124.91 立方米，相比于 2004 年降低了 70.2%。河北省面源污染情况除 2016—2017 年有所加重以外，其余年份均在逐年降低，2004 年单位农林牧渔业产值面源污染等标排放量为 421.25 立方米，2020 年为 127.28 立方米，共降低了 69.8%。

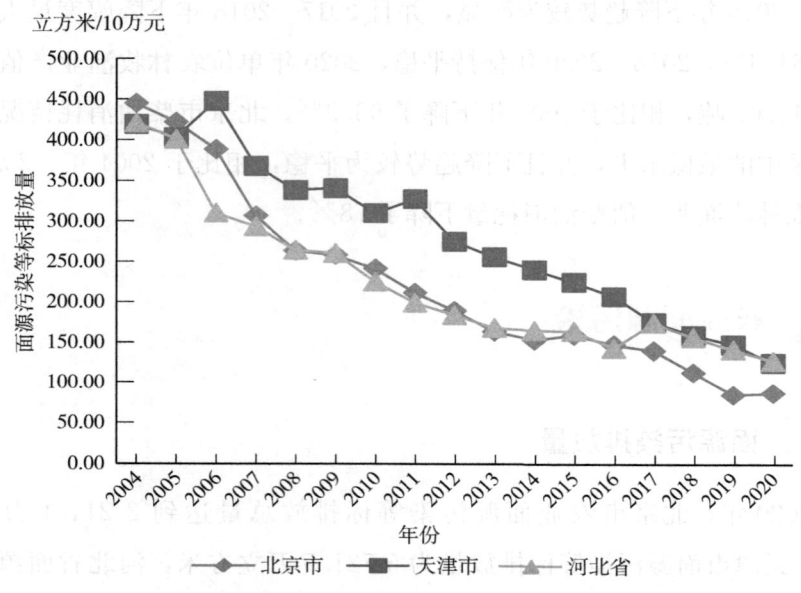

图 3-19　2004—2020 年各地区单位农林牧渔业产值面源污染等标排放量

3.4.2　面源污染构成

在北京市、天津市以及河北省的面源污染构成方面，根据图 3-20 可知，农村生活、禽畜养殖以及化肥施用产生的面源污染最多，水产养殖以及农田废弃物产生的面源污染较少。北京市乡村生活产生的面源污染最多（占 53.79%），其次为禽畜养殖和化肥施用，分别占总面源污染的 22.82%、22.72%，农田废弃物产生的面源污染占 0.52%，水产养殖产生的面源污染仅为 0.15%。天津市乡村生活以及禽畜养殖产生的面源污染占比最大，分别为 45.07%、41.47%，化肥施用产生的面源污染占比为 13.01%，农田废弃物和水产养殖产生的面源污染分别占 0.18%、

0.26％。河北省的面源污染构成与天津市相似，乡村生活以及禽畜养殖产生的面源污染占比较大，分别为 44.78％、37.01％，化肥施用产生的面源污染占比为 17.09％，农田废弃物以及水产养殖产生的面源污染分别占0.59％、0.54％。

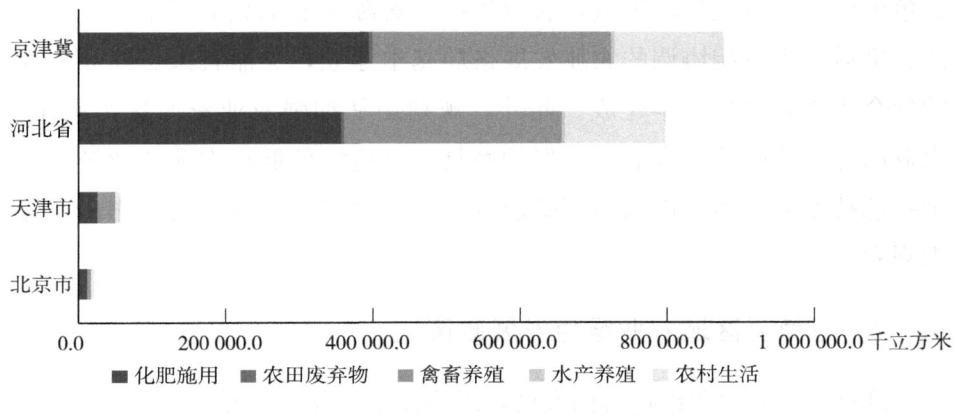

图 3-20　各地区面源污染构成

3.5 农业绿色发展相关政策分析

3.5.1 中国农业绿色发展政策

《"十四五"全国农业绿色发展规划》（以下简称"规划"）指出，推进农业绿色发展是一项系统而艰巨的任务，要坚持目标同向、资源同聚、力量同汇。"十三五"以来，中国农业绿色发展在资源保护利用、面源污染防治、农产品质量安全以及支撑体系方面取得了明显进展。但仍面临诸多挑战，如贯彻绿色发展理念不深入、农业生产方式仍然较为粗放、绿色优质农产品供给不足以及尚未健全农业绿色发展激励约束机制等。随着政策环境以及市场空间的不断优化拓展，农业生产技术不断升级。规划提出到 2025 年，实现农业绿色发展全面推进，制度体系和工作机制基本健全，科技支撑和政策保障更加有力，农村生产生活方式转型取得明显进展。并将其分为以下五个方面：第一，资源利用水平明显提高；第二，产地质量环境明显好转；第三，农业生态系统明显改善；第四，绿色产品供给明显增加；第五，减排固碳能力明显增强。到2035年，实现农业绿色发展取得显著成效，农村生态环境根本好转，绿色生产生活方式广泛形成，农业生产与资源环境承载力基本匹配，生产、生活、生态相协调的农业发展格局基本建立，美丽宜人、业兴人和的社会主义新乡村基本建成。此外，规划还从加强农业资源保护利用、农业面源污染防治、农业生态保护修复、打造绿色低碳农业产业链、健全绿色技术创新体系以及体制机制等方面对中国农业绿色发展作出了详细规划。

3.5.2 京津冀区域农业绿色发展政策

推进京津冀农业绿色协同发展，对确保京津冀协同发展战略的顺利实施意义重大。在《京津冀现代农业协同发展规划（2016—2020年）》中，将京津冀三地农业发展划分为"两区"，分别为都市现代农业区和高产高效生态农业区。

都市现代农业区包括京津和河北省环京津的27个县（市）。该区域以发展都市现代农业为主攻方向，突出服务、生态及传承等六大功能，是京津冀区域现代农业发展的核心区。应着力推进五项重点任务：优化农业产业结构，强化农产品供给保障能力；着力打造环京津生态保育圈；积极发展主食加工业和农产品物流业；重点发展信息化及种业，打造农业科技创新高地；稳步发展休闲农业，实现农业田园景观化、发展绿色化、环境生态化。

高产高效生态农业区包括河北省146个县（市、区）。该区域以强化支撑保障、促进转型发展、承接都市现代农业区产业转移为主，突出优质高效、加工物流、生态涵养三大功能，着力推进五项重点任务：以山前平原区为主建设粮食等重要农产品生产基地；以黑龙港地下水超采区为主发展高效节水型农业；以冀北坝上和接坝地区为主建设高原特色农牧业；以太行山、燕山为主建设山区生态农业，为建设京津冀都市群生态安全绿色屏障提供有力支撑；以环渤海地区为主打造沿海水产经济带，保护近海水域渔业资源和生态环境。

3.5.3 北京市农业绿色发展政策

根据《北京市"十四五"时期乡村振兴战略实施规划》，北京市"三农"发展面临五大机遇：一是加快构建新发展格局，释放农业农村投资空间和需求；二是服务首都"四个中心"功能建设，加快实现农业高质量发展；三是全面落实新总规[①]，深化生态涵养区和平原区结对协作，强化以工补农、以城带乡，推动城乡融合发展；四是在京津冀协同发展战略向纵深推进的背景下，在更大范围内优化配置农业资源要素，促进更高水平的农业区域合作；五是推动新一轮科技革命和产业变革，建设智慧农业，推动农业实现跨越式发展。

《北京市"十四五"农业绿色发展规划》涉及以下七个方面：第一，构建与资源环境承载力相匹配的生产布局与产业结构，应抓牢重要农产品稳产保供，深入推进水产养殖业高质量发展，严格落实全市禁限目录，合理确定畜禽养殖规模。第二，加强农业资源保护利用，应加强耕地保护与质量建设、提高农业用水效率、保护农业生物资源。第三，加强农业面源污染防治，推进化肥、农药减量增效，促进农业废弃物资源化利用，加强农膜与包装物回收利用。第四，加强农业生态保护修复，提升生态涵养功能。第五，打造绿色低碳农业，积极推进农业绿色低碳发展与产业集聚循环发展。第六，健全绿色技术创新体系，强化农业绿色发展科技支撑，推进农业绿色科技创新，加强绿色人才队伍建设。第七，健全体制机制，增强农业绿色发展动能，完善法规标准约束机制，建立市场价格调节机制，完善农业环境监测机制。

---

① 指北京市城市总体规划（2016—2035 年）。

3.5.4 天津市农业绿色发展政策

根据《天津市农业绿色发展"十四五"规划》，应重点促进农业资源节约高效利用，提高绿色农产品供给能力，落实耕地保护制度，加强农业资源环境管控，持续减少农药、化肥等投入，提高农业废弃物资源化利用水平。此外，《天津市国民经济和社会发展"十四五"规划和2035年远景目标纲要》指出，要打造现代都市型农业升级版，强化农业科技、装备和服务支撑，实施现代种业提升工程，提升植物保护和动物防疫能力，发展智慧农业、节水农业。实施藏粮于地、藏粮于技战略，强化农产品质量安全保障。积极培育产业融合类农业园区，加快发展城市服务型食品加工业，创新发展都市型休闲农业，完善财政支农投入稳定增长机制与乡村金融服务体系。

3.5.5 河北省农业发展政策

《河北省农业可持续发展规划（2016—2030年）》指出，坚守耕地、水资源及生态保护红线，因地制宜，优化农业生产力布局，提高农业生产与资源环境匹配度，稳步发展有比较优势、区域性特色农业，突出重点品种、重点区域，夯实农业物质装备基础，强化粮食产能提升、农牧渔结合、粮经饲统筹。同时，推进农业废弃物资源化利用和农业面源污染治理，加强农业生态保护与建设，推进绿色发展、循环发展。充分发挥政府在农业可持续发展中的推动作用，探索全省农业可持续发展的运行机制和模式，推进全省农业整体可持续发展。

在防治农业面源污染方面，第一，推进化肥减施增效，实施农药减量控害，推行高效施药机械防治技术，实现全省农药零增长。第二，开展产地环境监测，实现全省产地环境质量的动态监控。第三，推动农村环境综合整治。在水资源保护方面，一方面确立水资源利用控制红线；另一方面推广生态节水型种养模式，推进农业水价综合改革，实现生产用水与生态养护良性结合。在耕地资源保护方面，一是建设高标准农田，以粮食主产县、农业优势特色产业聚集地、现代农业综合开发示范地等为重点，打造4 000万亩①粮食生产核心区。二是实现改良土壤、培肥地力和养分平衡，提高耕地基础地力和产出能力。三是实施年度休耕，发展休耕与轮作生产制度，积极推进粮草轮作，改善饲草结构，促进草食畜牧业发展。四是推进重金属阻控修复，控制土壤重金属污染源，构建完善的耕地环境监测预警系统。

3.6 本章小结

综合本章对于京津冀地区农业绿色发展现状的分析，可以得出以下几点结论：

第一，在生产条件方面，北京市、天津市与河北省三个地区之间存在明显的资源禀赋差异。北京市由于城市发展以及水土资源限制，农作物播种面积最少，并且在观测期间农作物播种面积减少速度最快。河北省水土资源最为丰富，天津市介于两者之间，但均呈下降趋势。北京市在高标准农田建设方面取得了较大进展，在农作物总播种面积中，有效灌溉面积占比最大，天津市次之，河北省最小。此外，河北省的农林牧渔固定资产投资最高，北京市最少。在机械化水平方面，天津市最高，北京市由于山区较多，机械化水平远低于天津市及河北省。

第二，在产出情况方面，北京市无论是从农林牧渔业产值还是产量来说，都属于三地区中的最低水平。但北京市的农业生产效率较高，2014年之前，北京市劳动产出率与土地产出率均明显大于天津市与河北省，2014年之后，北京市劳动产出率持续下降，最终低于天津市但高于河北省。2019年之后，北京市土地产出率有所下降，但仍远大于天津市与河北省。此外，三个地区的种植业产值在农林牧渔总产值中均占比最高，林业产值占比在北京市仅次于种植业，天津市与河北省的畜牧业产值占比排

---

① 亩为非法定计量单位，1亩＝1/15公顷。——编者注

第二，且天津市渔业产值占比也较大。

第三，在农业投入品使用方面，北京市单位面积的农药、化肥及农膜使用量最高且呈增加趋势，但柴油消耗量最低且逐年下降。河北省与天津市单位面积的农药、化肥及农膜使用量呈下降趋势，河北省单位面积化肥及农膜使用量最低，但河北省柴油消耗量最高，天津市单位面积农药使用量最低。

第四，在农业面源污染方面，各地区在观测期间的单位农林牧渔业产值面源污染等标排放量均有大幅度降低，其中，天津市大部分年份排放量最高但下降速度较快，至 2020 年已低于河北省。北京市面源污染在观测初期最为严重，至 2020 年明显低于河北省与天津市。

第五，在农业绿色发展政策方面，北京市、天津市以及河北省的侧重点有所不同。北京市更加重视发展都市现代农业，侧重于农业生产生活方式的变革、生态环境保护与修复、资源循环利用、农业生产附加值的提高以及完善相关体制机制。河北省发展重点在于落实耕地保护政策、保障京津地区粮食蔬菜供给、面源污染防治以及产地环境监测保护等方面。天津市则介于北京市与河北省之间，起过渡与衔接作用。

前言绿色全程

数字化经济的本行 在涨本 当代会的下 TMU。 Tone K 在价 水高水值

在研地点一样高级工区值, 在地理程 在 FD他他他当此现正确程

度建立值 SBM 基础此级量, 在次水程此经 程价。

4 京津冀地区农业绿色全要素生产率测算

4.1 测算方法

4.1.1 数据包络分析法

DEA 分析法是一种非参数分析方法，可以分析不同计量方式的指标，具有较高的可靠性和灵敏度，并可以忽略指标量纲不统一的问题。因此，DEA 模型常用于测算农业绿色 GTFP。Malmquist - Luenburger 指数基于 DEA 方法构建模型，可以用来测度包含非期望产出的绿色全要素生产率。

4.1.2 SBM 超效率模型

传统的径向 DEA 模型对无效率的测量只包含了所有投入（产出）等比例变化的部分，当投入过度或产出不足，即投入（产出）非零松弛时，在效率值的测算中则无法体现松弛改进的部分，因此，利用 CCR 或者 BCC 模型往往会高估决策单元的效率。基于此种情况，Tone Kaoru (2001) 提出了 SBM 模型，以各项投入（产出）可以变化的平均比例对无效率状况进行测量，解决了径向 DEA 模型对无效率的测量没有包含松弛变量的问题。

为了解决标准效率模型无法进一步区分有效 DMU 的效率高低的问题，Andersen 和 Petersen（1993）提出了对有效 DMU 进一步区分的超效率模型，被评价 DMU 的效率值由参考其他 DMU 构成的前沿得出，效率

值一般会大于 1，从而可以区分有效 DMU。Tone K. 于 2007 年定义了包含非期望产出的 SBM 模型，成刚根据 SBM 超效率模型推算出包含非期望产出的 SBM 超效率模型，如式（4-1）所示。

$$\min \rho = \frac{1 + \frac{1}{m}\sum_{i=1}^{m}\frac{S_i^{x^-}}{x_{ik}}}{1 - \frac{1}{q_1+q_2}\left(\sum_{r=1}^{q_1}\frac{S_r^{y^+}}{y_{rk}} + \sum_{t=1}^{q_2}\frac{S_t^{b^-}}{b_{tk}}\right)} \qquad (4-1)$$

$$\text{s. t.} \begin{cases} \sum_{j=1,j\neq k}^{n} x_{ij}\lambda_j - S_i^{x^-} \leqslant x_{ik} \\[2mm] \sum_{j=1,j\neq k}^{n} y_{rj}\lambda_j + S_r^{y^+} \geqslant y_{rk} \\[2mm] \sum_{j=1,j\neq k}^{n} b_{tj}\lambda_j - S_t^{b^-} \leqslant b_{tk} \\[2mm] 1 - \frac{1}{q_1+q_2}\left(\sum_{r=1}^{q_1}\frac{S_r^{y^+}}{y_{rk}} + \sum_{t=1}^{q_2}\frac{S_t^{b}}{b_{tk}}\right) > 0 \\[2mm] \lambda, S^{x^-}, S^{y^+}, S^{b^-} \geqslant 0 \\[1mm] i = 1,2,\cdots,m \\[1mm] r = 1,2,\cdots,q_1 \\[1mm] t = 1,2,\cdots,q_2 \\[1mm] j = 1,2,\cdots,n(j \neq k) \end{cases}$$

其中，增加的约束 $1 - \frac{1}{q_1+q_2}\left(\sum_{r=1}^{q_1}\frac{S_r^{y^+}}{y_{rk}} + \sum_{t=1}^{q_2}\frac{S_t^{b}}{b_{tk}}\right) > 0$ 可在线性转换时去除；ρ 表示效率值；r 表示期望产出个数，共有 q_1 个；t 表示非期望产出个数，共有 q_2 个；j 表示时期，共有 n 个；k 表示决策单元。

4.1.3 基于 SBM 超效率模型的 ML 指数

DEA 模型基于技术效率的概念，是针对某一时间的生产技术而言，属于静态分析。但由于生产过程具有长期性和连续性，技术通常是不断变化的，Malmquist 全要素生产率指数可以对包含多个时间点观测值的面板数据进行生产率的变动情况、技术效率和技术进步情况进行动态比较分析。Färe R. 等（1992）最早采用 DEA 方法计算 Malmquist 指数，并将其分解为被评价决策单元在两个时期内的技术效率的变化（EC）和生产技术的变化（TC）。Chuang 等（1997）将包含非期望产出的方向距离函数应用于 Malmquist 模型，并将得到的指数称为 Malmquist-Luenburger 生产率指数。考虑到 ML 指数的传递性以及有无可行解问题，本研究采用基于 SBM 超效率模型的全局参比 ML 指数对京津冀地区农业绿色全要素生产率进行测算与分析。

全局参比 Malmquist-Luenburger 指数是由 Pastor 和 Lovell（2005）提出的一种计算方法：

$$S^g = S^1 \bigcup S^2 \bigcup \cdots \bigcup S^p$$
$$= \{(x_j^1, y_j^1, b_j^1)\} \bigcup \{(x_j^2, y_j^2, b_j^2)\} \bigcup \cdots \bigcup \{(x_j^p, y_j^p, b_j^p)\}$$

$$(4-2)$$

计算具体形式如下：

$$GML_t^{t+1} = GTFP_t^{t+1}$$

$$= \left[\frac{1 + \vec{D}_0^t(x^{t+1}, y^{t+1}, b^{t+1}; g_y^{t+1}, -g_b^{t+1})}{1 + \vec{D}_0^t(x^t, y^t, b^t; g_y^t, -g_b^t)} \times \frac{1 + \vec{D}_0^{t+1}(x^{t+1}, y^{t+1}, b^{t+1}; g_y^{t+1}, -g_b^{t+1})}{1 + \vec{D}_0^{t+1}(x^t, y^t, b^t; g_y^t, -g_b^t)} \right]^{\frac{1}{2}} \quad (4-3)$$

在全局参比 Malmquist 模型中，虽然在计算 ML 指数时，相邻两期参考的是同一全局前沿，但仍用各自前沿来计算效率变化，即：

$$EC = \frac{1 + \vec{D}_0^{t+1}(x^{t+1}, y^{t+1}, b^{t+1}; g_y^{t+1}, -g_b^{t+1})}{1 + \vec{D}_0^t(x^t, y^t, b^t; g_y^t, -g_b^t)} \quad (4-4)$$

前沿 $t+1$ 与全局前沿接近的程度可由

$$\frac{\sqrt{[1 + \vec{D}_0^t(x^{t+1}, y^{t+1}, b^{t+1}; g_y^{t+1}, -g_b^{t+1})] \times [1 + \vec{D}_0^{t+1}(x^{t+1}, y^{t+1}, b^{t+1}; g_y^{t+1}, -g_b^{t+1})]}}{1 + \vec{D}_0^{t+1}(x^{t+1}, y^{t+1}, b^{t+1}; g_y^{t+1}, -g_b^{t+1})}$$

来表示；前沿 t 与全局前沿接近

的程度可由 $\dfrac{\sqrt{\begin{array}{c}[1+\vec{D}_0^t(x^t,y^t,b^t;g_y^t,-g_b^t)]\times\\ [1+\vec{D}_0^{t+1}(x^t,y^t,b^t;g_y^t,-g_b^t)]\end{array}}}{1+\vec{D}_0^t(x^t,y^t,b^t;g_y^t,-g_b^t)}$ 来表示；前沿 $t+1$ 与前沿 t 相比，其变动情况即技术变化如下：

$$TC=\frac{\sqrt{\begin{array}{c}[1+\vec{D}_0^t(x^{t+1},y^{t+1},b^{t+1};g_y^{t+1},-g_b^{t+1})]\times\\ [1+\vec{D}_0^{t+1}(x^{t+1},y^{t+1},b^{t+1};g_y^{t+1},-g_b^{t+1})]\end{array}}}{1+\vec{D}_0^{t+1}(x^{t+1},y^{t+1},b^{t+1};g_y^{t+1},-g_b^{t+1})}\times$$

$$\frac{1+\vec{D}_0^t(x^t,y^t,b^t;g_y^t,-g_b^t)}{\sqrt{[1+\vec{D}_0^t(x^t,y^t,b^t;g_y^t,-g_b^t)]\times[1+\vec{D}_0^{t+1}(x^t,y^t,b^t;g_y^t,-g_b^t)]}}$$

$$(4-5)$$

即 Malmquist - Luenburger 指数可以分解为效率变化（EC）和技术变化（TC），在此基础上，Färe R. 等（1994）将效率变化进一步分解为纯技术效率变化（PEC）和规模效率变化（SEC），如式（4 - 6）所示。

$$ML = EC \times TC = PEC \times SEC \times TC \qquad (4-6)$$

当 ML、EC、TC、SEC、PEC 指数大于 1 时，说明相应指数在 t 到 $t+1$ 时期内有所提高；反之，各指数小于 1 则说明在 t 到 $t+1$ 时期内有所下降。

4.2 指标选取与数据说明

4.2.1 投入指标

结合前文所述的 DEA 测算方法需要以及相关数据的可得性，本研究参考郭海红（2019）、潘丹（2012）等人的做法，从资本、劳动力、资源、能源四个方面共选取 9 项指标作为投入变量。由于仅 2018 年和 2019 年具有雄安新区数据，为保证数据的统一性和完整性，将其纳入保定市进行测算。其中农林牧渔业从业人员数不包含服务业从业人员数，按照农林牧渔业从业人员数＝第一产业从业人员数×（农林牧渔业总产值/第一产业总产值）进行计算（表 4 - 1）。

表 4 - 1　投入变量解释说明

	名称	单位	备注
资本	化肥	吨	按折纯法计算
	农药	吨	
	农用塑料薄膜使用量	吨	
	机械总动力	万千瓦	
劳动力	农林牧渔业从业人员数	人	不含农林牧渔服务业从业人员
资源	农作物播种面积以及水产养殖面积	公顷	包含淡水养殖和海水养殖面积
能源	农业用电量	万千瓦时	

▶4.2.2 产出指标

（1）期望产出。以 2004—2020 年北京市、天津市以及河北省 13 个城市的农林牧渔业总产值代表期望产出，与投入指标相对应，不包括农林牧渔服务业产值。

（2）非期望产出。李谷成（2014）、李兆亮（2017）、潘丹（2012）等学者认为非期望产出应当由农业面源污染来衡量，面源污染是指农业生产带来的禽畜粪便、化肥、农药以及大量生活垃圾的排放，治理难度高，是主要的水体污染源。此外，高鸣（2015）、田伟（2014）等学者认为农药、化肥以及机耕等均会产生大量碳排放。IPCC 报告中指出碳排放也属于非期望产出的重要组成部分。因此，只以农业面源污染来衡量非期望产出不够科学，只考虑碳排放也不够全面。本研究结合学者们的相关研究成果，将农业面源污染以及碳排放同时纳入非期望产出的测算中。

①农业面源污染：参考赖斯芸、赵巧峰等人的清单分析法，将主要的污染物分为 COD（化学需氧量）、TN（氮）、TP（磷）三类，将农业面源污染划分为化肥、农田固体废弃物、禽畜养殖、水产养殖和农村生活五个产污单元。

第一单元：农用化肥。化肥产污系数以及流失率参考赖斯芸、蔡慧

敏、段华平等人的研究成果以及化肥所含的氮磷成分综合确定
（表4-2）。

表4-2 化肥产污系数以及各省份流失率

产污单元	来源	产污系数			流失率			
		COD	TN	TP	氮肥		磷肥	
化肥	氮肥	0	1	0	北京	30%	北京	7%
	磷肥	0	0	0.44	天津	30%	天津	4%
	复合肥	0	0.33	0.15	河北	20%	河北	4%

化肥所产生的面源污染量计算公式如式（4-7）、式（4-8）所示。

$$TN =（氮肥施用量 \times 1 + 复合肥施用量 \times 0.33）\times$$
$$相应地区氮肥流失率 \tag{4-7}$$

$$TP =（磷肥施用量 \times 0.44 + 复合肥施用量 \times 0.15）\times$$
$$相应地区氮肥流失率 \tag{4-8}$$

第二单元：农田固体废弃物。本研究参考蔡慧敏、梁流涛等人做法，将农田废弃物分为稻谷、冬小麦、玉米、蔬菜以及油料等的农田残留物，根据各类农作物草谷比、秸秆养分含量以及流失率、产污系数等计算污染量（表4-3）。

表4-3 农田废弃物面源污染量计算相关系数

产污单元	来源	产污系数（0.001吨/吨）			秸秆养分含量（%）			秸秆草谷比	养分流失率
		COD	TN	TP	COD	TN	P_2O_5		
农田固体废弃物	稻谷	5.63	5.82	0.42	0.58	0.6	0.1	0.97	
	冬小麦	6.39	5.15	0.9	0.62	0.5	0.2	1.03	
	玉米	11.23	10.69	2.39	0.82	0.78	0.4	1.37	TN：65%
	蔬菜	5.1	0.92	0.45	1	0.18	0.2	0.51	TP：65%
	油料	20.57	45.43	3.06	0.91	2.01	0.31	2.26	COD：70%
	豆类	17.61	22.23	2.24	1.03	1.3	0.3	1.71	
	薯类	2.26	1.83	0.67	0.37	0.3	0.25	0.61	

注：$TP = P_2O_5 \times 43.66\%$。

农田废弃物所产生的面源污染量计算公式如式（4-9）～式（4-11）所示。

$$COD = \sum 各类作物产量 \times 秸秆草谷比 \times 秸秆\ COD\ 含量 \times$$
$$COD\ 产污系数 \times 70\% \qquad (4-9)$$

$$TN = \sum 各类作物产量 \times 秸秆草谷比 \times 秸秆\ TN\ 含量 \times$$
$$TN\ 产污系数 \times 65\% \qquad (4-10)$$

$$TP = \sum 各类作物产量 \times 秸秆草谷比 \times 秸秆\ P_2O_5\ 含量 \times$$
$$TP\ 产污系数 \times 43.66\% \times 65\% \qquad (4-11)$$

第三单元：禽畜养殖。北京市、天津市以及河北省各市的统计数据显示，禽畜养殖业以牛、羊、猪、家禽养殖为主，占总养殖量的 95% 以上，因此，本研究以牛、羊、猪以及家禽粪尿排放的污染物来代表禽畜养殖业所产生的农业面源污染。根据禽畜的生长周期确定当年养殖数量，牛、羊当年养殖数量用年末存栏量表示，猪和家禽当年养殖数量用年内出栏量表示（表4-4）。

表4-4　禽畜养殖业排污系数及流失率

产污单元	来源	单位	产污系数〔千克/（头·年）〕			流失率		
			COD	TN	TP	COD	TN	TP
禽畜养殖	牛	年末存栏量	248.2	61.1	10.07	北京：27.6% 天津：24.45% 河北：24.45%	北京：24.4% 天津：20.8% 河北：20.8%	北京：21.2% 天津：17.15% 河北：17.15%
	羊	年末存栏量	4.4	2.28	0.45			
	猪	年内出栏量	26.61	4.51	1.7			
	家禽	年内出栏量	1.165	0.275	0.115			

禽畜养殖所产生的面源污染量计算公式如式（4-12）～式（4-14）所示。

$$COD = \sum 各类禽畜数量 \times COD\ 产污系数 \times$$
$$相应地区\ COD\ 流失率 \qquad (4-12)$$

$$TN = \sum 各类禽畜数量 \times TN\ 产污系数 \times$$

$$相应地区\ TN\ 流失率 \qquad (4-13)$$

$$TP = \sum 各类禽畜数量 \times TP\ 产污系数 \times$$

$$相应地区\ TP\ 流失率 \qquad (4-14)$$

第四单元：水产养殖。水产养殖过程中会产生大量的 COD、TN、TP 等污染物，是农业面源污染的重要组成部分（表 4-5）。

表 4-5　水产养殖排污系数

产污单元	来源	地区	排污系数（千克/吨）		
			COD	TN	TP
水产养殖	水产品产量	北京市	14.456	2.757	0.302
		天津市	16.182	2.973	0.139
		河北省	13.919	2.588	0.253

注：相关数据来源于《农业源产排污系数手册》。

水产养殖所产生的面源污染量计算公式如式（4-15）～式（4-17）所示。

$$COD = 水产品产量 \times COD\ 排污系数 \qquad (4-15)$$

$$TN = 水产品产量 \times TN\ 排污系数 \qquad (4-16)$$

$$TP = 水产品产量 \times TP\ 排污系数 \qquad (4-17)$$

第五单元：乡村生活。此类污染物主要来自居民生活所产生的大量污水以及粪尿等排泄物，参照蔡慧敏、张大弟等人研究结果，相关排污系数如表 4-6 所示。

表 4-6　农村生活排污系数

产污单元	来源	单位	排污系数（千克/人）		
			COD	TN	TP
农村生活	生活污水	农村人口数	5.84	0.58	0.15
	排泄物	农村人口数	1.98	0.31	0.06

农村生活所产生的面源污染量计算公式如式（4-18）～式（4-20）

所示。

$$COD = 农村人口数 \times (生活污水\ COD\ 排污系数 +$$
$$排泄物\ COD\ 排污系数) \qquad (4-18)$$

$$TN = 农村人口数 \times (生活污水\ TN\ 排污系数 +$$
$$排泄物\ TN\ 排污系数) \qquad (4-19)$$

$$TP = 农村人口数 \times (生活污水\ TP\ 排污系数 +$$
$$排泄物\ TP\ 排污系数) \qquad (4-20)$$

首先由以上五个排污单元计算得到各地区 COD、TN、TP 排放总量，然后根据 GB3838—2002 中的Ⅲ类水质标准，得到各类污染物等标排放系数，继而计算农业面源污染等标排放量，相关换算系数如表 4-7 所示。

表 4-7 各污染物等标排放系数

污染物	COD	TN	TP
等标排放系数（毫克/升）	20	1	0.2

换算公式如式（4-20）所示。

农业面源污染等标排放量 = COD 排放总量/等标排放标准 + TN 排放总量/等标排放标准 + TP 排放总量/等标排放标准 $\qquad (4-21)$

②农业碳排放：结合高鸣、田伟、Dubey、田云等学者研究成果以及 IPCC 报告，农业碳源包括农田灌溉、农药、农膜、化肥以及柴油的使用等方面，具体指标以及碳排放系数如表 4-8 所示。

表 4-8 农业碳源及碳排放系数

碳源	计量单位	碳排放系数	系数来源
灌溉	有效灌溉面积	14.059 千克/公顷	段华平、刘杨等
农药	农药使用量	4.934 1 千克/千克	美国橡树岭国家实验室
化肥	化肥施用量	0.895 6 千克/千克	美国橡树岭国家实验室
农膜	农膜使用量	5.180 0 千克/千克	南京农业大学农业资源与生态环境研究所
柴油	柴油使用量	0.592 7 千克/千克	IPCC 联合国气候变化政府间专家委员会
翻耕	农作物播种面积	312.6 千克/公顷	中国农业大学农学与生物技术学院

碳排放总量计算公式如式（4-22）所示。

$$C = \sum C_i = \sum E_i \rho_i \qquad (4-22)$$

其中，C 表示碳排放总量，C_i 表示每种碳源的碳排放量，E 表示碳源总量，ρ 表示碳排放系数。

4.3 测算结果分析

4.3.1 京津冀区域整体层面

利用 Maxdea Ultra 9.0 软件对 2004—2020 年京津冀地区的农业绿色全要素生产率进行测算，详细结果如表 4-9 所示。

表 4-9 京津冀地区整体 *GTFP*、*TFP* 及效率分解

年份	考虑环境因素				不考虑环境因素			
	GTFP	*GPEC*	*GSEC*	*GTC*	*TFP*	*PEC*	*SEC*	*TC*
2004—2005	1.042	0.998	1.265	0.825	1.037	0.993	1.119	0.933
2005—2006	1.058	0.995	0.721	1.476	1.048	0.983	0.952	1.120
2006—2007	1.067	1.001	0.971	1.097	1.058	1.003	0.979	1.078
2007—2008	1.169	0.998	0.957	1.224	1.138	0.994	0.982	1.165
2008—2009	1.031	0.999	0.988	1.044	1.022	0.998	0.975	1.050
2009—2010	1.214	0.996	1.094	1.114	1.174	0.985	1.055	1.130
2010—2011	1.172	0.998	0.975	1.204	1.137	0.994	0.995	1.150
2011—2012	1.104	0.999	0.991	1.114	1.081	0.998	0.971	1.115
2012—2013	1.108	0.999	0.896	1.238	1.079	0.997	0.993	1.089
2013—2014	1.040	0.999	0.990	1.052	1.026	0.998	0.997	1.031
2014—2015	1.008	0.998	1.091	0.926	1.005	0.994	1.029	0.983
2015—2016	1.089	0.999	0.935	1.166	1.078	0.996	0.997	1.085
2016—2017	0.799	1.006	0.864	0.919	0.837	1.018	0.901	0.912
2017—2018	1.191	0.998	0.963	1.240	1.132	0.992	0.959	1.190
2018—2019	1.144	0.998	1.040	1.102	1.094	0.993	1.001	1.100
2019—2020	1.107	0.999	0.901	1.231	1.125	0.995	1.008	1.122

（1）静态效率分析。由图 4-1 可以看出，2004—2020 年京津冀区域整体农业绿色全要素生产率（GTFP）与农业全要素生产率（TFP）走势基本一致，并且在大部分年份大于 1，其中，考虑环境因素的 GTFP 增加了 6.21%，不考虑环境因素的 TFP 增加了 8.51%，高于 GTFP 的增幅。2004—2010 年，京津冀地区农业 GTFP 与 TFP 处于波动上升阶段，2010—2015 年，由于产业结构调整以及工业化扩张等因素影响，京津冀地区农业 GTFP 与 TFP 持续下降。《京津冀现代农业协同发展规划（2016—2020 年）》将京津冀农业发展划分为两区，并明确在产业、科技、生态建设等六个方面重点加强协同建设，但新规划实施需要对各项生产要素的分配进行调整，导致京津冀地区农业 GTFP 与 TFP 在经过 2015—2016 年的短暂上升后，于 2016—2017 年出现了大幅下降，并且 GTFP 下降幅度大于 TFP，是观测期间农业 GTFP 与 TFP 唯一小于 1 的年份。2017—2018 年的农业 GTFP 与 TFP 有大幅回升，GTFP 上升幅度大于 TFP，相比于 2016 年，2018 年农业 GTFP 增加了 9.43%，TFP 仅增加 5.04%。2018—2020 年，京津冀地区农业 GTFP 有所回落，TFP 则在小幅回落之后缓慢上升，最终略高于 GTFP。

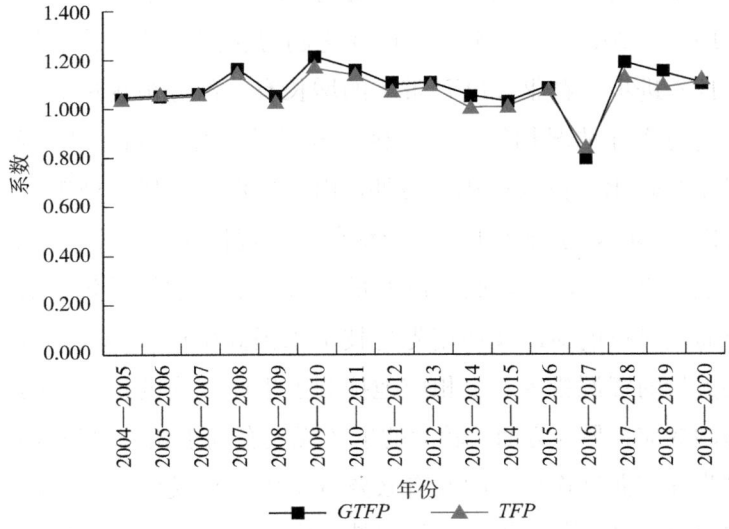

图 4-1 京津冀区域整体 GTFP 与 TFP 比较

总体来看，京津冀地区农业 GTFP 与 TFP 在早期上升之后达到观测期间最大值，之后持续下降，在后期的政策干预下有所上升，但仍低于最高水平，因此，京津冀地区农业发展水平仍然有较大上升空间。除此之外，政策因素对农业 GTFP 的影响大于对 TFP 的影响，可见京津冀地区更加重视农业绿色发展。

（2）动态效率分析。利用 Malmquist - Luenburger 指数对 GTFP 进行效率分解（图 4 - 2），可以看出，在大部分年份，京津冀区域农业绿色全要素生产率走势与绿色技术进步（GTC）相似，即区域 GTFP 的增长或下降主要来源于农业生产技术的进步或者倒退。技术进步曲线于 2004—2006 年大幅上升之后，在 2007—2008 年快速下降但最终高于 2004 年。2008 年之后，技术进步曲线处于不断波动趋势中，波动周期基本为 1～2 年，2019—2020 年技术进步指数（GTC）低于 2005—2006 年的最高点，但相比于 2004 年增长 49.1%，增长幅度较大。在技术效率变化分解方面，纯技术效率指数（GPEC）基本保持不变并接近于 1，并且在大部分年份明显低于技术进步指数，说明相关科技成果转化率较低。规模效率指数（GSEC）处于不断的波动状态，最终在观测期间内下降 28.81%。GSEC 除 2009—2010 年、2016—2018 年与 TC 变化趋势相同以外，其余年份两者走势相反，技术进步对农业 GTFP 带来的增长有一部分被规模效率指数的下降抵消。这与实际情况相符，新型科技成果的转化受到多种因素的影响，并非可以完全转化并投入使用。另外，由于资源、气候、城市发展定位以及政策等因素影响，京津冀地区农业绿色生产规模在不断变化趋势中下降，规模效率也随之降低，当农业 GTFP 的增长无法通过规模效率的提高实现时，需要通过科技创新以及使用先进技术来提高生产效率。一方面，技术进步需要大量的资源投入，也相应地抑制了生产规模的扩大，两者之间存在相互抑制效应；另一方面，较大的生产规模有利于相关科技创新与应用，对技术进步存在促进作用。因此有必要寻求生产规模以及研发投入的最优组合，并通过政策、资金等方面的扶持，实现技术进步与规模效率的同步增长，促进科技成果转化为生产力，进一步提高农业生产效率。

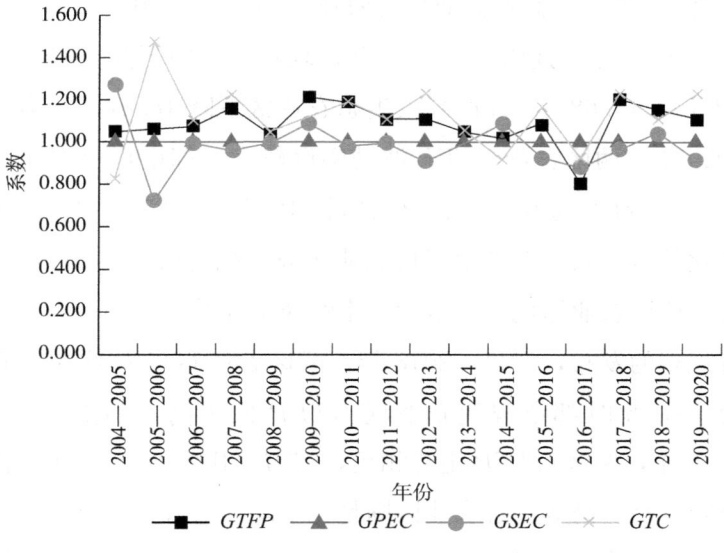

图 4 - 2　京津冀区域整体 *GTFP* 与效率分解

通过以上分析可知，京津冀区域农业绿色全要素生产率的提高主要在于生产技术的进步并提高其成果转化率，利用科学预测预警机制，提前布局未来农业生产规模，完善相关政策机制以及提升管理水平，避免由于生产技术浪费或者不足对农业绿色生产效率产生负面影响。

4.3.2　两大分区层面

根据规划对京津冀地区农业发展分区的划分，都市现代农业区包括北京市、天津市以及河北省与京津接壤的 27 个县（市、区）。高产高效生态农业区包括河北省 146 个县（市、区）。

（1）静态效率分析。由图 4 - 3 可知，在考虑环境因素的农业 *GTFP* 方面，两个农业区 *GTFP* 走势大致相似，均在波动中上升，两区农业 *GTFP* 走势可以划分为三个阶段。第一阶段为 2004—2010 年，两区农业 *GTFP* 处于波动上升状态，均经历了上升—下降—再上升的变化过程，其中，都市现代农业区农业全要素生产率波动幅度较大，并且期初以及期末的农业 *GTFP* 都低于高产高效生态农业区。此阶段，都市现代农业区

GTFP 上升 20.37％，高产高效生态农业区 GTFP 上升 16.56％。第二阶段为 2010—2015 年，此阶段两区 GTFP 均在波动中下降，都市现代农业区 GTFP 下降 16.68％，高产高效生态农业区下降 18.87％。第三阶段为 2015—2020 年，两区农业 GTFP 波动幅度较大，都市现代农业区 GTFP 增长 33.64％，高产高效生态农业区增长 19.82％。2015—2018 年，两区 GTFP 变化趋势一致，但都市现代农业区波动幅度较大，2015—2016 年，都市现代农业区农业绿色全要素生产率快速增加并高于高产高效生态农业区。随着规划的发布，2016—2018 年，两区农业 GTFP 均在大幅下降之后大幅增加，此时都市现代农业区 GTFP 低于高产高效生态农业区。2018—2020 年，两区 GTFP 走势相反，都市现代农业区 GTFP 在上升后有微小下降，高产高效生态农业区则是先下降后上升，在此期间，都市现代农业区 GTFP 较高。根据图 4-4 可知，在不考虑环境因素的农业 TFP 方面，走势与 GTFP 相同。整个观测期间，都市现代农业区 GTFP 增加 34.04％，TFP 增加 24.06％，高产高效现代农业区 GTFP 增加 13.32％，TFP 增加 8.95％，两区 GTFP 增速均高于 TFP 增速。

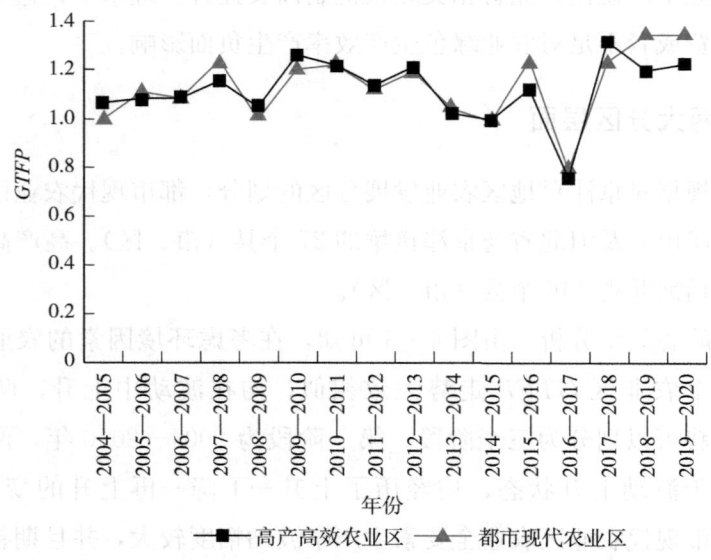

图 4-3 高产高效农业区与现代都市农业区 GTFP 比较

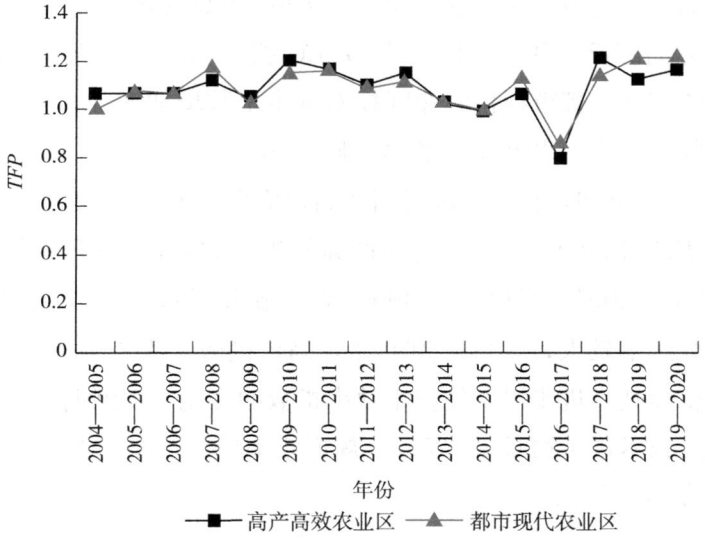

图 4 - 4　高产高效农业区与现代都市农业区 *TFP* 比较

（2）动态效率分析。由图 4 - 5 可知，都市现代农业区 *GTFP* 变化曲线与绿色技术进步曲线最为相似，说明技术进步是都市现代农业区 *GTFP*

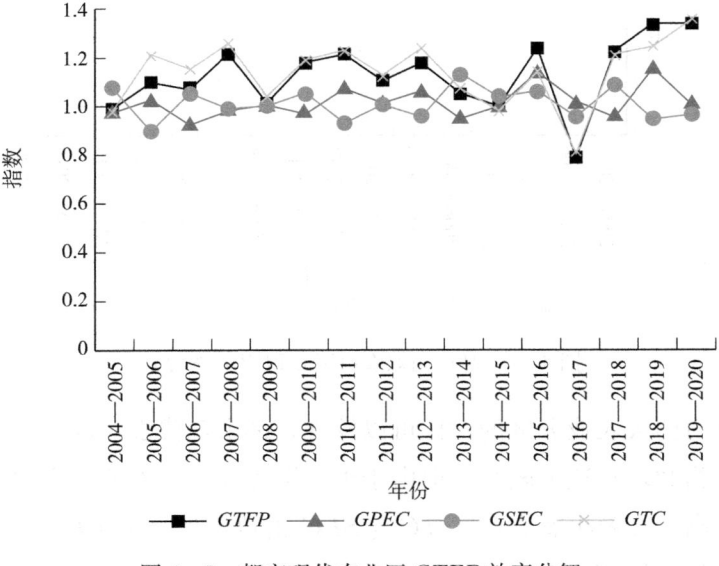

图 4 - 5　都市现代农业区 *GTFP* 效率分解

发生变化的主要动力。技术进步曲线与 *PEC* 指数变化趋势一致，与 *SEC* 指数变化方向相反，并且 *GPEC* 与 *GSEC* 指数均在水平为 1 的位置上下波动。观测期间，都市现代农业区技术进步指数增加 38.59％，纯技术效率指数增加 4.45％，规模效率指数下降 9.48％。

由图 4-6 可知，技术进步对高产高效农业区 *GTFP* 变化产生的影响最大，但 *PEC* 以及 *SEC* 指数对高产高效生态农业区 *GTFP* 变化同样具有较大影响。2004—2014 年，规模效率指数对高产高效生态农业区 *GTFP* 变化影响较大；2014—2020 年，高产高效生态农业区 *GTFP* 的变化则更多依靠技术进步以及纯技术效率指数的变化。观测期间，高产高效生态农业区技术进步增长 12.25％，规模效率指数增加 8.49％，纯技术效率指数下降 12.15％。

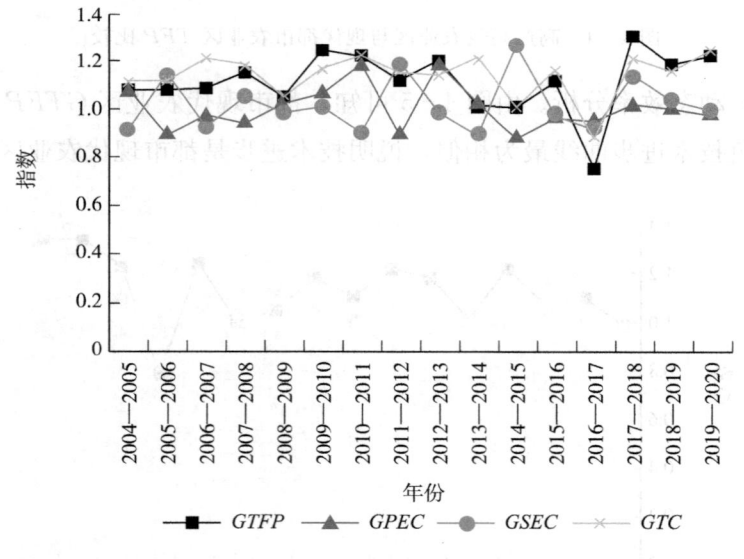

图 4-6 高产高效农业区 *GTFP* 效率分解

通过对两大农业分区的对比可以发现，都市现代农业区技术进步与纯技术效率指数增长速度较快，但由于土地资源受限，农业生产规模效率有所下降；高产高效生态农业区 *TC* 与 *SEC* 指数增加，但 *PEC* 降低，对科技进步成果利用不充分，阻碍了 *GTFP* 的增长。因此，两区在农业绿色发展方面有各自明显的短板与优势，在未来的发展过程中，应当优势互补，对生产资源进行合理分配，加快资源要素流动。

4.3.3 市级层面

取各市在2004—2020年农业 GTFP 与 TFP 的平均值，详细数据如表4-10所示。

表4-10　2004—2020年各市 GTFP、TFP 平均值及效率分解

地区	不考虑环境因素					考虑环境因素				
	TFP	PEC	SEC	TC	排序	GTFP	GPEC	GSEC	GTC	排序
北京市	1.055	1.005	0.982	1.070	12	1.084	1.051	0.955	1.088	11
天津市	1.106	1.034	1.018	1.106	4	1.146	1.053	1.032	1.155	4
石家庄市	1.111	0.992	1.016	1.099	3	1.175	0.995	1.036	1.144	1
唐山市	1.097	1.006	0.995	1.096	6	1.136	1.000	1.000	1.135	5
秦皇岛市	1.127	1.031	1.020	1.083	1	1.160	1.035	0.987	1.146	3
邯郸市	1.067	0.990	1.002	1.078	9	1.085	0.986	0.998	1.106	10
邢台市	1.063	0.985	1.002	1.087	10	1.077	0.980	1.005	1.111	12
保定市	1.098	1.016	1.027	1.099	5	1.132	1.034	0.998	1.170	6
张家口市	1.115	1.001	1.002	1.111	2	1.173	0.997	1.002	1.172	2
承德市	1.085	0.994	1.007	1.086	7	1.118	0.975	1.045	1.113	7
沧州市	1.073	0.992	1.002	1.081	8	1.089	0.987	1.003	1.103	8
廊坊市	1.054	0.990	1.004	1.084	13	1.087	0.976	1.008	1.133	9
衡水市	1.058	0.994	1.050	1.144	11	1.070	1.016	1.099	1.203	13
河北省	1.069	1.000	0.991	1.080	—	1.090	1.007	0.953	1.146	—
京津冀	1.067	0.996	0.995	1.078	—	1.084	0.999	0.978	1.123	—

（1）静态效率分析。由图4-7可以看出，13个城市的农业 TFP 以及 GTFP 均大于1，并且 GTFP 均大于 TFP，说明京津冀地区各市农业绿色发展水平都较高。在不考虑环境因素的情况下，秦皇岛市、石家庄市、张家口市农业 TFP 排名最为靠前，北京市、衡水市以及廊坊市最为靠后；在考虑环境因素的情况下，仍然是石家庄市、秦皇岛市、张家口市排名前三，北京市、邢台市、衡水市排名靠后。在考虑环境因素后，北京

市、石家庄市、唐山市以及廊坊市的农业生产效率排名有所上升；衡水市、邯郸市、保定市、秦皇岛市以及邢台市排名有所下降。

通过将各市农业全要素生产率与河北省以及京津冀区域整体对比发现，共有 4 个城市的 GTFP 低于河北省以及京津冀地区平均水平，分别是北京市、邢台市、廊坊市以及衡水市。邢台市、衡水市的 TFP 低于河北省以及京津冀地区。其余各市 GTFP 与 TFP 均高于河北省以及京津冀地区。河北省与京津冀地区农业生产效率基本持平，说明河北省农业发展对于京津冀地区的农业发展有决定性作用，是未来提高京津冀地区农业绿色全要素生产率的重要着力点。

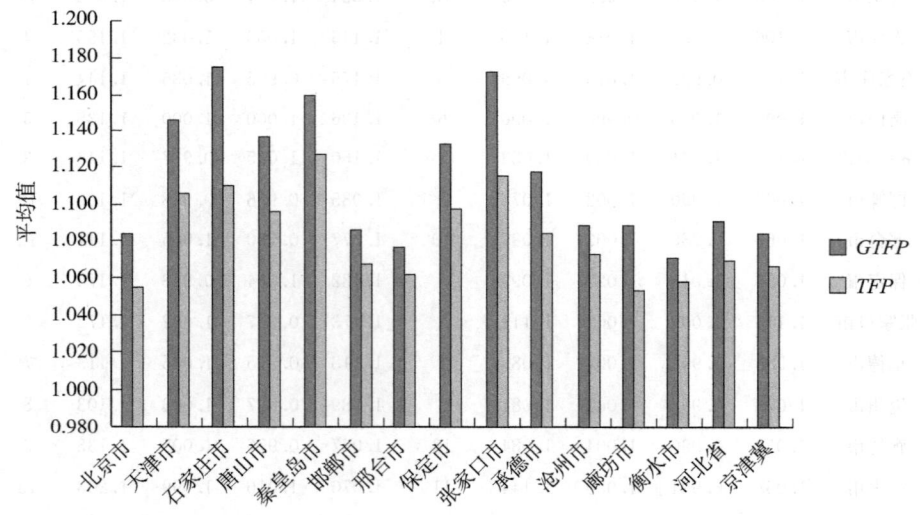

图 4-7 2004—2020 年各地 GTFP 与 TFP 平均值对比

对各市在 2004—2020 年农业 GTFP 以及 TFP 的增长率进行对比（图 4-8）。在 13 个城市中，仅北京市农业 GTFP 与 TFP 有所下降，其余城市农业 GTFP 与 TFP 均有不同程度增加。承德市农业 GTFP 与 TFP 增长率均大于 90%，增速最快，张家口市次之，GTFP 增长54.26%，TFP 增长 33.63%。天津市、唐山市、保定市农业 GTFP 增速较快，大于 30%，TFP 增幅大于 20%，其余城市农业 GTFP 与 TFP 则增长较慢，均小于 20%，其中邢台市农业 GTFP 与 TFP 增幅最小，小于5%。此外，13 个城市的农业 GTFP 变化幅度均大于 TFP，说明各市在农业生产过程中逐步转向绿色发展。根据京津冀地区两大农业分区划分，GTFP 以及 TFP 增幅大于 20% 的 5 个城市均属于都市现代农业区，高产高效生态农业区的 6 个城市 GTFP 与 TFP 增长较慢。

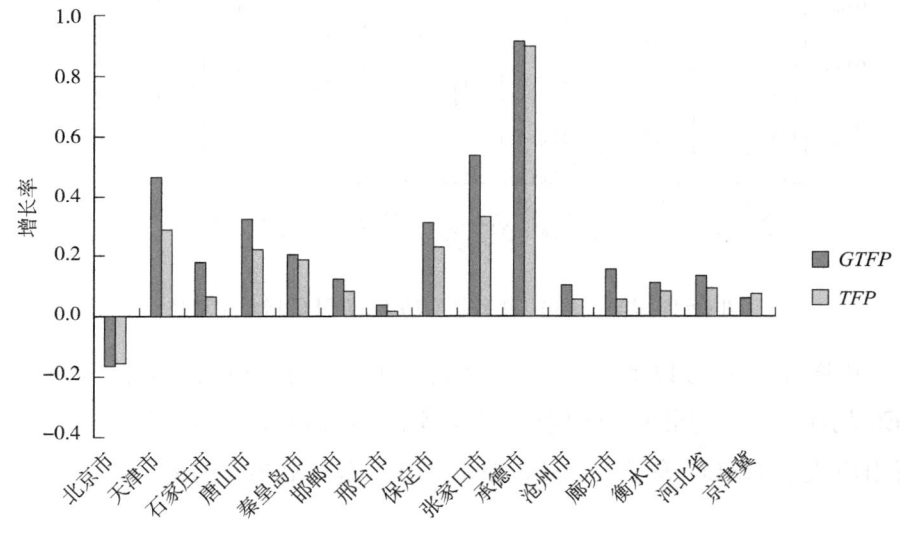

图 4-8　2004—2020 年各地 GTFP 与 TFP 增长率对比

（2）动态效率分析。由图 4-9 可以看出，在纯技术效率方面，北京市、天津市、秦皇岛市、保定市以及唐山市 GPEC 与 PEC 均大于1，其中，北京市与天津市 GPEC 最高，天津市与秦皇岛市 PEC 最高。张家口市 PEC 大于 1 但 GPEC 小于 1，衡水市 GPEC 大于 1 但 PEC 小于 1；其余城市 GPEC 与 PEC 均小于 1，即农业生产方面的技术与管理水平较低，有待进一步发展。北京市、天津市、石家庄市、保定市以及秦皇岛市 GPEC 大于 PEC，其余城市 GPEC 均小于 PEC，说明这些城市对农业绿色发展的重视程度不够，需要进一步提升农业绿色发展的监督管理水平，制定相关政策，促进绿色生产技术在农业发展中的应用。

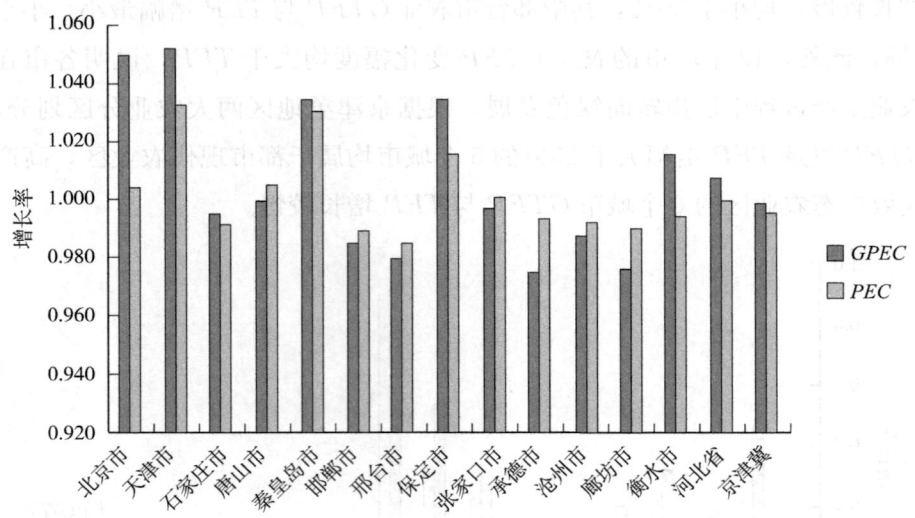

图 4 - 9　2004—2020 年各地 GPEC 与 PEC 增长率对比

由图 4 - 10 可以看出，在规模效率方面，北京市的农业 GSEC 与
SEC 均小于 1，与北京市的经济社会实际情况以及城市发展定位相符。
唐山市农业 GSEC 等于 1，SEC 略低于 1。秦皇岛市 GSEC 小于 1，SEC

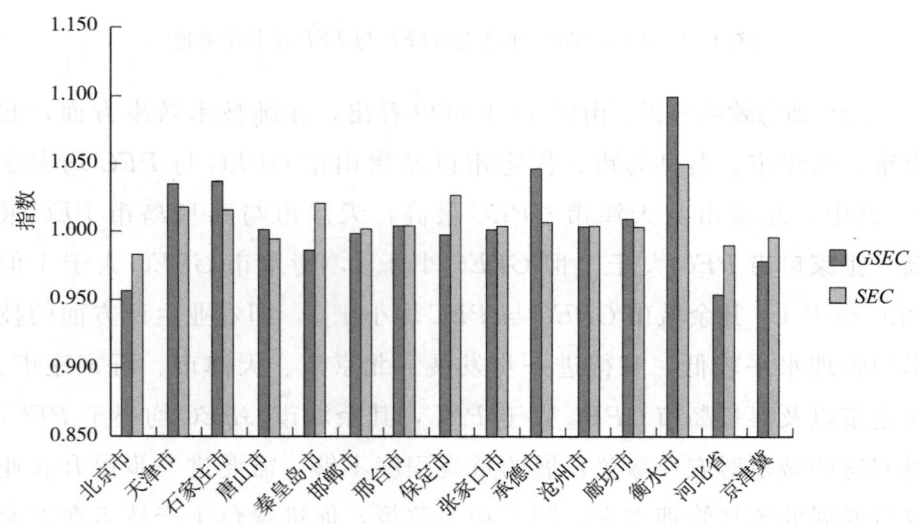

图 4 - 10　2004—2020 年各地 GSEC 与 SEC 对比

大于 1。其余城市农业 *GSEC* 与 *SEC* 均大于或等于 1，其中衡水市与承德市农业 *GSEC* 最高，衡水市与保定市 *SEC* 最高。河北省与京津冀地区整体农业 *GSEC* 以及 *SEC* 均小于 1，并且 *SEC* 都大于 *GSEC*，说明在很多方面没有实现绿色生产，具有进一步扩展农业绿色发展规模的潜力。

由图 4–11 可以看出，在技术进步方面，衡水市以及张家口市 *GTC* 与 *TC* 最高，北京市与沧州市 *GTC* 与 *TC* 最低，但各地区农业 *GTC* 与 *TC* 均大于 1，且 *GTC* 均大于 *TC*。说明各市在农业绿色生产技术方面均取得了较大进步。

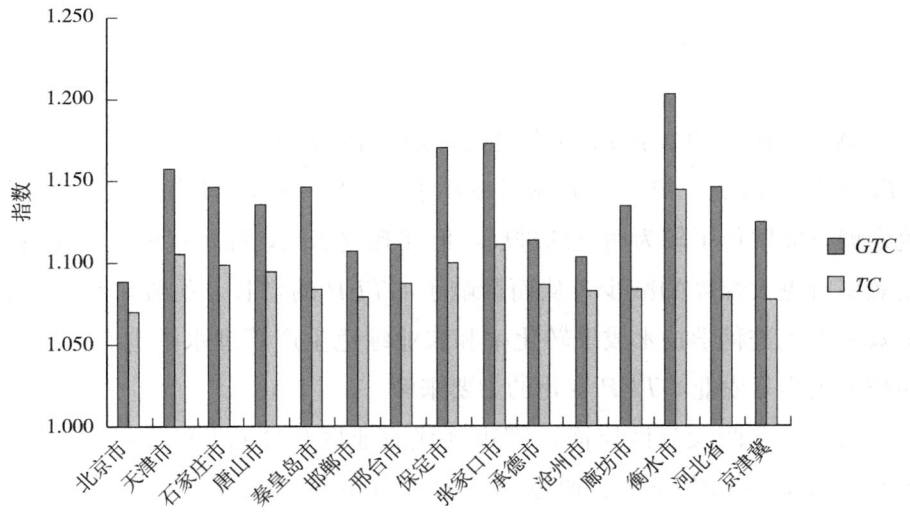

图 4–11　2004—2020 年各地 *GTC* 与 *TC* 对比

根据以上分析可知，北京市农业发展受限较多，导致规模效率最低，第一产业占比较小，技术进步水平也最低，但北京市在农业生产中的纯技术效率即管理水平以及技术成果转化率较高，在京津冀地区排名第二。天津市的纯技术效率在京津冀地区排名第一，在规模效率以及技术进步方面也处于较高水平，没有明显的发展短板。石家庄市各项指数排名均属于居中水平，但发展趋势较为一致，因此在京津冀地区 *GTFP* 排名最为靠前。

张家口市纯技术效率与规模效率指数发展水平居中，但技术进步水平较高，在京津冀地区排名第二，因此具有较高的 GTFP 与 TFP。衡水市技术进步指数以及规模效率指数在京津冀地区较高，纯技术效率指数也较高，但由于三项指数发展趋势不同步，此消彼长，存在很大的抵消作用，导致衡水市农业 GTFP 与 TFP 低于其他城市。秦皇岛市与保定市具有较高的纯技术效率以及技术进步水平，但农业发展绿色规模效率有待提高。邯郸市、唐山市、邢台市、沧州市、承德市以及廊坊市没有明显发展优势，也没有明显发展短板，在京津冀地区农业发展中属于中等靠后水平。

4.4 本章小结

第一，在京津冀区域整体层面，通过测算分析发现，京津冀区域 GTFP 大于 TFP，但 GTFP 增长率小于 TFP，说明京津冀地区在农业绿色发展方面取得了较为明显的进展，但在观测期间，绿色规模效率相较规模效率有更大幅度的减少，从而影响了 GTFP 的增长。另外，绿色纯技术效率即先进科学技术成果转化率和农业绿色生产管理水平也有待提升，而技术进步是农业 GTFP 变化的主要来源。

第二，在两大分区层面，都市现代农业区整体 GTFP 与 TFP 均大于高产高效生态农业区。通过动态效率分解可以发现，两区在农业绿色发展方面存在各自的优势及短板，都市现代农业区 GTC 指数及 GPEC 指数呈增长趋势，但其 GSEC 指数在观测期间下降较多。高产高效农业区的 GTC 指数与 GSEC 指数有所增加，但 GPEC 指数有所下降。

第三，在市级层面，京津冀区域各市在观测期间 GTFP 平均值均高于 TFP，说明在农业绿色发展方面均有一定进展。其中，石家庄市、秦皇岛市与张家口市的农业 GTFP 与 TFP 均值较高，北京市与衡水市较低，并且北京市是唯一在 2004—2020 年 GTFP 与 TFP 有所下降的城市，原因在于其规模效率下降较多，抑制了 *GTFP* 的增长。

第四，无论是对于京津冀区域或是各分区及各市来说，在 *TC*、*PEC* 和 *SEC* 指数之间都存在或多或少的相互抵消作用，在未来的农业绿色发展过程中，需要通过科学的生产布局及产业结构调整，优化资源配置，促进京津冀农业绿色协同发展。

基于空间计量模型的影响因素实证分析

第 4 章对 2004—2020 年京津冀地区农业 GTFP 进行了测算与分析，但仍需要对空间差异及其影响因素进行准确量化。因此，本章采用 Moran'I 指数对京津冀地区农业 GTFP 全局空间相关性以及局部空间相关性进行分析，以确定京津冀区域整体以及各城市间农业 GTFP 在空间维度上的相互影响机制。本章在上述研究结果的基础上，建立空间计量模型，对相关影响因素空间溢出效应进行研究，以期为提高京津冀地区农业全要素生产率并促进区域农业绿色协同发展提供相关建议。

5.1 农业绿色全要素生产率空间相关性分析

5.1.1 空间计量分析法及空间权重矩阵选择

（1）空间计量分析法。空间经济学始于 20 世纪 70 年代，根据地理学第一定律可知，所有事物都与其他事物相关联，但距离较近的事物比距离较远的事物关联性更强。将各地区数据与位置信息相结合，即可得到各地区的位置数据，由此可对各地区间各项要素的空间异质性以及空间依赖性进行分析。

（2）空间权重矩阵选择。空间权重矩阵通常包括 0—1 邻接矩阵、地理和经济距离矩阵以及相关嵌套矩阵。本研究首先选取 0—1 邻接矩阵与经济距离矩阵对京津冀地区农业 GTFP 空间相关性进行分析，在此基础上，对两种不同矩阵的计量结果进行综合判断，以确定最终空间权重矩阵的选择。

①空间邻接矩阵。0—1 邻接矩阵是指将 n 个地区的空间数据记为 $\{x_i\}_{i=1}^n$，下标 i 表示区域 i，区域 i 与 j 之间的距离为 w_{ij}，空间权重矩阵如式（5-1）所示。

$$W = \begin{bmatrix} w_{11} & \cdots & w_{1n} \\ & \vdots & \\ w_{n1} & \cdots & w_{nn} \end{bmatrix} \qquad (5-1)$$

其中，$w_{11} = \cdots = w_{nn} = 0$，即同一地区的距离为 0；若区域 i 与区域 j 接壤，$w_{ij} = 1$，反之，$w_{ij} = 0$。

②经济距离空间权重矩阵。除了地理位置相接的空间关系，经济发展水平相近的区域之间也存在一定程度的正向或负向溢出关系。林光平等（2005）发现相邻地区经济上的相互关系并不完全相同，例如河北省虽然在位置上与多个省份接壤，但河北省与北京、天津的经济联系密切程度明显高于其他各省。为此，林光平等（2005）发现使用经济距离指标可以更好地解释我国地区经济的发展状况。因此，可以使用不同区域间的经济指标的绝对差异构建基于经济距离的空间权重矩阵，如式（5-2）所示。

$$w_{ij} = \begin{cases} \dfrac{1}{|\,\overline{a_i} - \overline{a_j}\,|}, & i \neq j \\ 0, & i = j \end{cases} \qquad (5-2)$$

其中，a_i 和 a_j 分别表示区域 i 和 j 的经济指标，比如地区生产总值或人均地区生产总值等，本研究取样本期间年各地区 GDP 总量指标平均值进行计算。

5.1.2 空间自相关性检验

在使用空间计量模型前，应考察是否存在空间依赖性即空间自相关性。空间自相关性可以理解为空间位置相近的地区具有相近的表现特征，包括正向空间自相关和负向空间自相关，分别表现为高—高聚集以及低—高聚集。

（1）全局空间自相关性检验。为从区域整体层面判别农业绿色全要素生产率的空间集聚状态，本研究以全局 Moran'I 指数检验 AGTFP 空间相关性，如式（5-3）所示。

$$I = \frac{\sum_{i=1}^{n}\sum_{j=1}^{n} w_{ij}(x_i - \bar{x})(x_j - \bar{x})}{S^2 \sum_{i=1}^{n}\sum_{j=1}^{n} w_{ij}} \tag{5-3}$$

其中，$S^2 = \dfrac{\sum_{i=1}^{n}(x_i - \bar{x})^2}{n}$ 为样本方差，$\sum_{i=1}^{n}\sum_{j=1}^{n} w_{ij}$ 为所有空间权重之和。Moran's I 指数大于 0 表示存在空间正自相关性；小于 0 则表示存在空间负自相关性。并且，绝对值越大，表示空间自相关性越强。

通常采用统计量 $Z(I)$ 值对 Moran's I 指数进行检验，如式（5-4）所示。

$$\begin{cases} Z(I) = \dfrac{1 - E(I)}{\sqrt{VAR(I)}} \\[2mm] E(I) = \dfrac{-1}{n-1} \\[2mm] VAR(I) = \left[\dfrac{n^2 w_1 + n w_2 + 3 w_0^2}{w_0^2(n^2-1)}\right] - E^2(I) \\[2mm] w_0 = \sum_{i=1}^{n}\sum_{j=1}^{n} w_{ij} \\[2mm] w_1 = \dfrac{1}{2}\sum_{i=1}^{n}\sum_{j=1}^{n}(w_{ij} + w_{ji})^2 \\[2mm] w_2 = \sum_{i=1}^{n}(w_i + w_j)^2 \end{cases} \tag{5-4}$$

其中，$E(I)$ 为 Moran's I 指数的期望值，$VAR(I)$ 为方差，在 5% 的显著性水平下，若 $Z(I)$ 大于 1.96，表示空间正自相关性显著，小于 -1.96 表示空间负自相关性显著，拒绝"$H_0:\mathrm{Cov}(x_i, x_j) = 0, \forall i \neq j$"即不存在空间自相关的原假设；若 $Z(I)$ 介于两者之间则表示空间分布呈随机性。

基于 0—1 邻接与经济距离空间权重矩阵，京津冀地区农业绿色全要素生产率的 Moran'I 指数计算结果如表 5-1 所示。可以看出，若采用 0—1 邻接矩阵，京津冀地区农业 GTFP 仅在 2016 年表现出显著的正向空间相关性，其余年份则不显著。在采用经济距离矩阵的情况下，京津冀地区农业 GTFP 在 2011 年、2015—2017 年以及 2018—2019 年均存在显著的负向空间相关性，而 2017—2018 年存在显著的正向空间相关性，其余年份不存在显著的空间相关性。但总体来看，京津冀地区农业绿色全要素生产率在大多数年份呈负向空间关联，即"高—低""低—高"集聚的负相关现象。由此可见，相比于地理意义上的邻接关系，京津冀地区农业绿色全要素生产率在经济方面联系更为密切，并且表现为一种"虹吸效应"，即 GDP 总量指标差距越小的城市，农业 GTFP 差距越大。综上所述，在 0—1 邻接空间权重矩阵下，京津冀地区农业 GTFP 相互独立性较强，而在经济距离空间权重下，京津冀地区农业 GTFP 存在较强的空间相关性，故本研究基于经济距离构建空间权重矩阵并进行之后的研究分析。

表 5 - 1　不同空间权重矩阵下的 *Moran'I* 指数

年份	经济距离矩阵		0—1 邻接矩阵	
	Moran'I	*p - Value*	*Moran'I*	*p - Value*
2004—2005	0.017	0.230	−0.217	0.118
2005—2006	−0.078	0.973	0.182	0.101
2006—2007	−0.022	0.725	0.054	0.451
2007—2008	−0.268	0.166	0.087	0.220
2008—2009	−0.249	0.345	−0.068	0.934
2009—2010	0.179	0.129	−0.060	0.897
2010—2011	−0.457 **	0.013	−0.263	0.253
2011—2012	−0.219	0.399	−0.224	0.403
2012—2013	−0.205	0.427	−0.077	0.968
2013—2014	−0.041	0.797	−0.105	0.898
2014—2015	−0.177	0.588	−0.007	0.673
2015—2016	−0.495 **	0.023	0.639 ***	0.000
2016—2017	−0.415 *	0.051	−0.282	0.263
2017—2018	0.311 ***	0.002	−0.171	0.502
2018—2019	−0.414 *	0.064	−0.036	0.799
2019—2020	−0.266	0.289	−0.190	0.554

注：***、**、* 分别表示数据在 1%、5%、10%水平下显著。

从图 5-1 可看出，*AGTFP* 的 *Moran'I* 指数在观测期间波动幅度较大。除 2005 年、2010 年以及 2018 年外，其余年份均呈现负向空间关联效应。并且从总体来看，京津冀地区农业绿色全要素生产率无论是负向空间关联还是正向空间关联均呈增强趋势。正向空间关联效应的增强说明，经济发展水平相近的地区在农业绿色生产方面的技术交流以及要素扩散增多，存在正向空间溢出效应，即经济距离相邻地区存在高—高或者低—低聚集现象。而负向空间关联效应的增强则说明，经济发展水平相近的地区之间在农业 GTFP 方面存在虹吸效应，即经济距离相邻地区存在高—低或者低—高聚集现象。

由此可见，京津冀地区农业绿色生产活动与地区经济发展水平条件密切相关，经济发展水平相近地区在农业绿色全要素生产率方面的差异更大，随着知识、绿色技术扩散和城市间分工合作体系的完善，经济发展水平接近的区域的农业绿色全要素生产率具有负向空间关联性并且呈增强趋势。

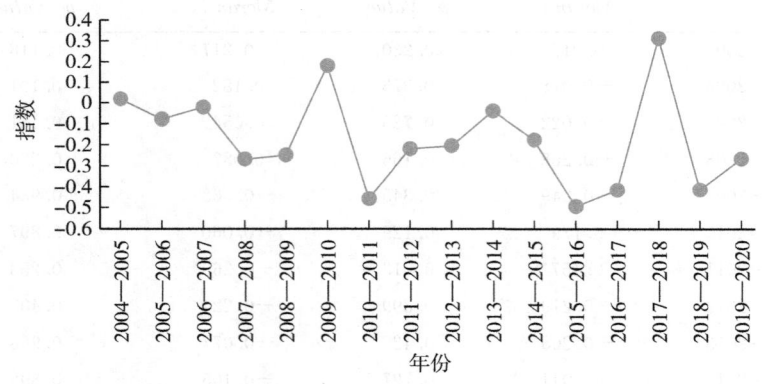

图 5-1　经济距离矩阵下京津冀地区农业 *GTFP* 的 *Moran'I* 指数

（2）局部空间相关性。全局空间自相关性分析反映的是整个区域间的农业绿色全要素生产率的分布形式，但无法表示区域内部的差异。因此，为反映区域内部空间差异即某地区及其周边区域的集聚情况，应对其进行局部空间自相关性检验。局部莫兰指数计算如式（5-5）所示。

$$I_i = \frac{(x_i - \bar{x})}{S^2} \sum_{j=1}^{n} w_{ij}(x_j - \bar{x}) \qquad (5-5)$$

结果验证与全局 Moran's I 指数相似，大于零表示 H—H（高—高）或 L—L（低—低）集聚，小于零则表示 H—L（高—低）或 L—H（低—高）集聚。如果将观测值与空间滞后系数进行二维图示化，以散点图的形式加以表现，就称之为莫兰散点图，而 Moran's I 指数就是该散点图回归线的斜率，图中的四个象限则分别对应 H—H（高—高）、L—H（低—高）、H—L（高—低）、L—L（低—低）四种集聚状态。

本研究选取 2011 年、2015 年、2016 年、2017 年、2018 年、2019 年作为代表性年份，分别绘制京津冀地区农业 GTFP 莫兰散点图，结果如图 5-2 所示，从图中可以看出京津冀地区农业 GTFP 的集聚状况。2011 年、2015—2017 年以及 2019 年，京津冀地区农业绿色全要素生产率呈负向空间关联效应，从图 5-2（a）中可以看出：没有城市落在第一象限。秦皇岛市、廊坊市、天津市、邢台市、沧州市落在第二象限，唐山市、张家口市、北京市及石家庄市落在第四象限，在这两个象限内，城市间的农业绿色全要素生产率呈高—低以及低—高聚集状态，即农业绿色全要素生产率较低的城市与农业绿色全要素生产率较高的城市相邻。衡水市、保定市、邯郸市、承德市落在第三象限，城市间农业绿色全要素生产率呈现低—低聚集状态，即农业绿色全要素生产率较低的城市与农业绿色全要素生产率较低的城市相邻。2011 年，落在二、四象限的城市比例达到 69%，2015 年、2016 年为 100%。2017 年为 84.6%，2019 年为 100%。因此，落在二、四象限的城市占比较高，城市间农业绿色全要素生产率的空间负向关联效应具有稳定性。2018 年，落在一、三象限的城市占 81.8%，总体上呈现正向空间关联效应。其中，天津市与保定市落在第四象限，呈现高—低集聚状态，北京市、衡水市、张家口市、沧州市、唐山市、邯郸市、邢台市以及承德市落在第三象限，呈低—低集聚状态。石家庄市、秦皇岛市落在第一象限，呈高—高集聚状态。这可能是受到区域间农业政策影响，科学技术、人力资本以及资金等生产要素在区域间进行流动，从而使得农业绿色全要素生产率表现出一种正向空间相关性。

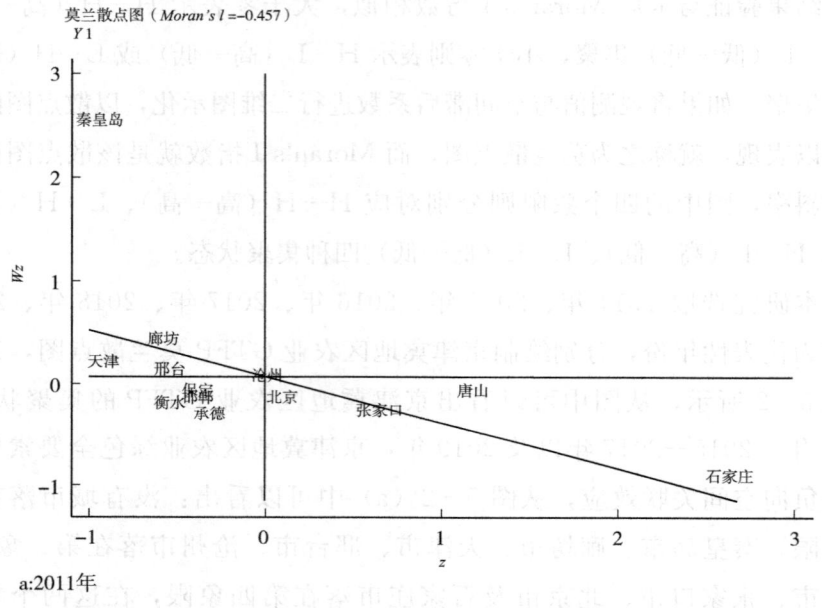

a:2011年

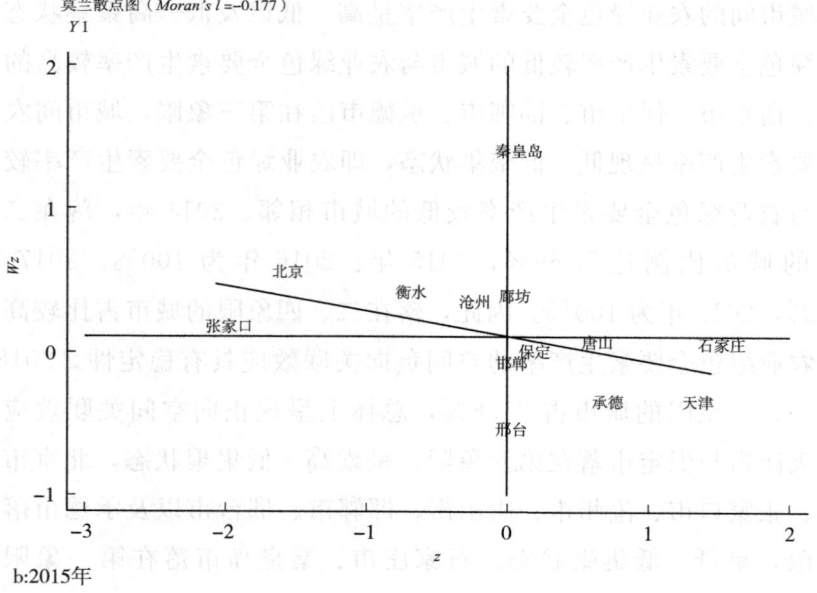

b:2015年

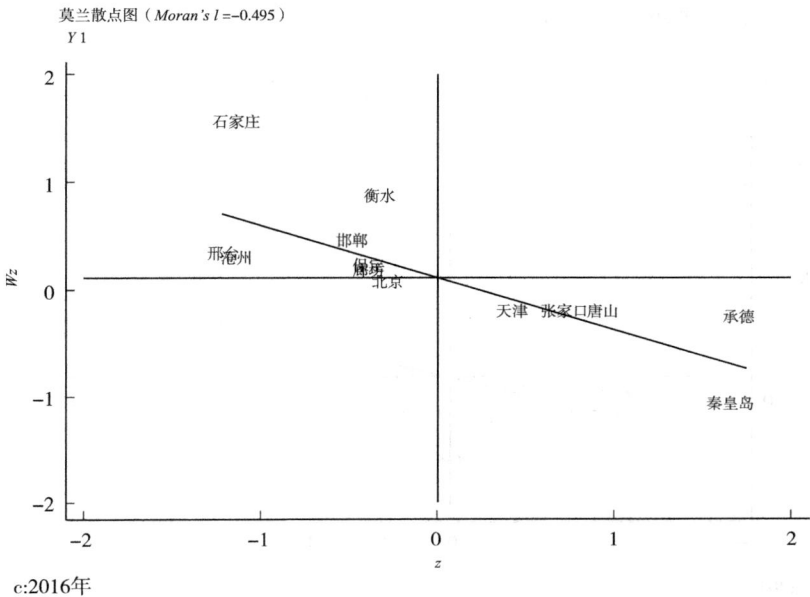

c:2016年

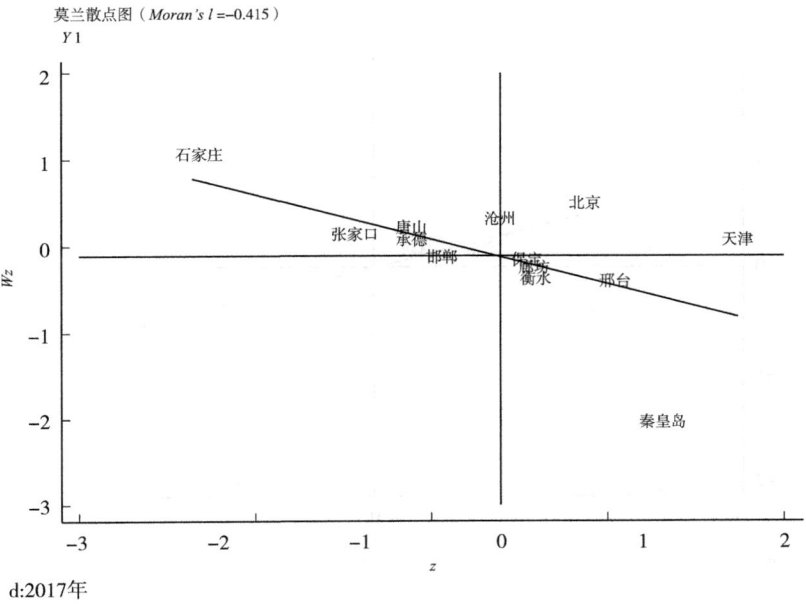

d:2017年

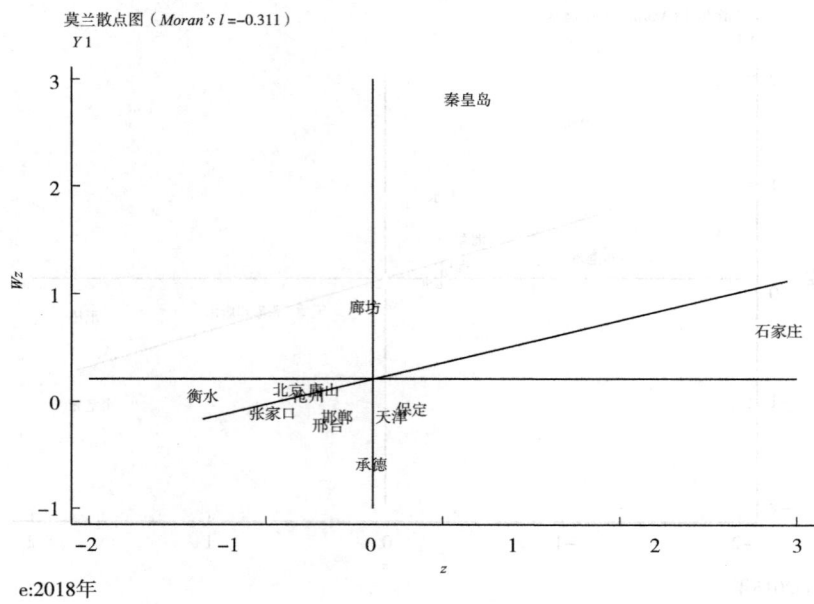

e:2018年

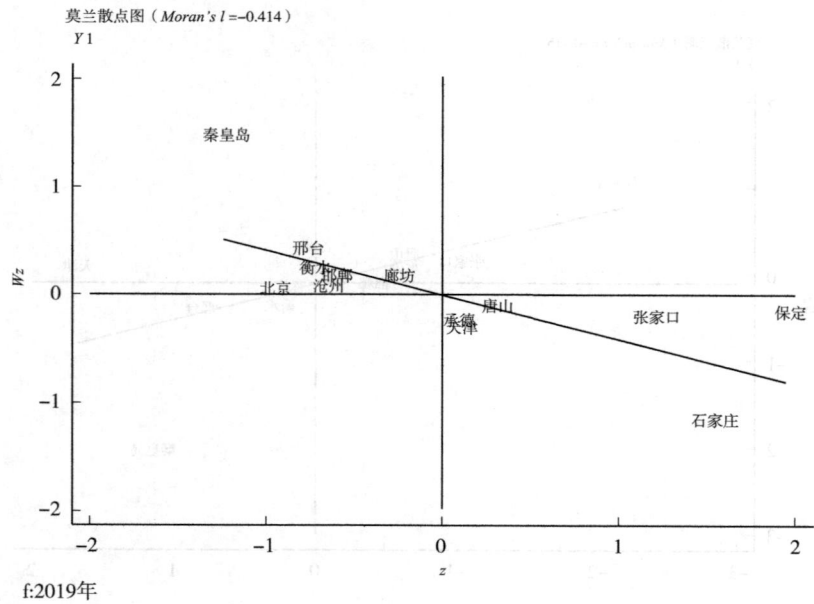

f:2019年

图 5 - 2　代表性年份京津冀地区农业 GTFP 的莫兰散点图

5.2 影响因素指标选取与空间计量模型构建

5.2.1 理论假设

（1）农林牧渔投资。近年来，农业固定资产投资不断增长，学者们对农业固定资产投资与农业产出之间的关系做了大量研究。袁芳（2020）发现西北地区农业固定资产投资对农业经济增长存在正向拉动作用，但存在门槛效应。朱满德（2021）指出增加农业固定资产投资进而改善农业生产条件是促进全球粮食增产的关键因素。学者们对于农林牧渔投资对农业经济增长的促进作用达成了共识，但仅限于对于农业期望产出方面，而不涉及农业面源污染以及碳排放等非期望产出方面。本研究认为，农业固定资产投资对于农业 GTFP 的作用可以分为两个方面：一方面通过完善基础设施、农业生产技术升级等提高农业生产总值即期望产出；另一方面通过增加资源与能源消耗，加大碳排放等促进农业非期望产出的增长。

（2）经济发展水平。经济发展水平决定着当地农业发展的基础。整体来讲，经济发展水平将会从两个方面对农业 GTFP 产生影响。一方面，经济发展水平上升将会促进社会对农业部门的投资，推动农业生产技术进步以及农业现代化。并且经济发展水平较高的地区在交通、水利、能源等方面基础设施较为完善，有利于农业发展。此外，随着经济水平的提高，民众对于环境保护的意识将更加强烈，促进了农业生产的绿色发展。另一方面，在经济发展水平上升的前期，可能会形成城市对农村的虹吸效应，即耕地、资本以及人力资源等农业生产要素向城市转移，抑制了农业发展。

（3）工业化。近年来，我国工业化进程加快推进，人们的生产生活方式也随之发生了巨大改变。工业化对农业的影响主要表现在两个方面：一方面表现为工业化导致劳动力向城镇和非农产业的转移，以及占用耕地等负向影响；另一方面表现为工业反哺农业，即在工业化进程中，劳动力素质得到提高，农业生产资料及生产技术进步，农村基础设施更加完善，大大提高了农业产出，降低了农业生产成本，从而提高了农业 TFP。除此之外，工业化进程的加速使得农业生产机械化水平快速提高，农业生产投入品使用量增加，由此带来的能源消耗以及农业污染增加了农业非期望产出，即对农业 GTFP 具有一定的负向影响。

（4）第一产业集聚。第一产业集聚着眼于研究农业生产活动在地理空间上的集中分布状态以及由此产生的相关经济效应，是影响农业发展的重要因素之一。首先，在产业向某一地区集聚的过程中，必然会向合理化、高级化的产业结构进行调整。在集聚初期，高成本、低产出的粗放式产业结构会降低农业绿色全要素生产率。到集聚后期，优化的产业结构使得农业生产越发高效，农业全要素生产率也将随之提高。其次，产业集聚带来的规模效应促进劳动力回流，生产技术进步、基础设施完善，农业绿色全要素生产率由此得到提高。此外，产业过度集聚会增加生态环境压力，农业生产规模化导致能源消耗以及温室气体排放增加、面源污染加重等问题，进而降低农业绿色全要素生产率。最后，第一产业集聚的竞争效应表现为激烈的市场竞争环境促进农业经营主体不断改进生产技术，降低生产成本，提高农产品产量以及品质，从而促进农业绿色全要素生产率的提高。但过度竞争可能会导致拥挤效应，提高生产成本以及退出成本，进而降低农业绿色全要素生产率。

（5）第一产业与第二产业协同集聚。产业集聚仅关注单个产业在不同地区间的集聚，但在实际产业活动中，不同产业间的协同集聚现象往往更为常见。产业集聚的高级阶段，是指由于要素共享、技术外溢以及产业链之间的投入产出关系等因素，不同产业或行业之间相互依赖、相互关联，在同一区域内发生的空间集聚现象。近年来，已有颇多学者就产业协同集聚进行了研究，但关于不同产业间的协同集聚对农业绿色全要素生产率影响的研究较少。结合前人研究成果，本研究就一、二产业协同集聚对农业GTFP 的影响从以下两个方面展开分析。第一，一、二产业协同集聚带来的外部经济性。根据马歇尔的经济外部性理论，一、二产业间的协同集聚伴随着生产规模的扩大，促进基础设施的完善以及规模化经营，强化了规模效应。在协同集聚的过程中，资金、劳动力以及技术等生产要素间的流动加快，第二产业发展促进第一产业生产技术进步、生产方式发生变革，降低生产成本，提高农业产出，上下游产业关联更加密切，即通过强化合作效应与知识溢出效应来提高农业绿色全要素生产率。此外，产业间的协同集聚有助于企业在产品、技术以及环境保护等方面形成竞争效应，淘汰掉高污染、高成本、低收益企业，改进农业生产方式，从而提高农业GTFP。第二，一、二产业协同集聚带来的外部不经济性。在一、二产业协同集聚后期，区域内经济活动过于集中，导致租金、交通、时间等生产要素成本过高，环境污染问题加剧，产生拥挤效应，对农业绿色GTFP产生负向影响。一、二产业协同集聚可能会导致虹吸效应，从而抑制相邻地区农业GTFP的提高。此外，由于沉没成本的存在，低效率企业无法随意迁离集聚区，在持续消耗生产资源，污染生态环境的同时无法提高产出，将在很大程度上抑制农业绿色全要素生产率的提高。

（6）第一产业与第三产业协同集聚。与上文提到的一、二产业协同集聚不同，一、三产业协同集聚对农业绿色全要素生产率的提高作用预期更加显著。一方面，一、三产业协同集聚在环境污染方面的问题大大低于一、二产业协同集聚，并且，一、三产业协同集聚对于改善生态环境的需求更高，将会提高企业在环境保护方面的投入，减少农业生产带来的面源污染，从而提高农业绿色全要素生产率。另一方面，一、三产业协同集聚促进产业链的延伸，衍生出电商农业、智慧农业、休闲农业等新业态，引导农业生产附加值不断提高，增强农业产业韧性，提高农业产业链的竞争力。

（7）城乡居民收入差距。改革开放以来，我国工业化进程飞速推进，经济水平高速增长，但由于我国特殊的城乡二元结构制度，城乡居民收入差距也不断扩大。目前，学者们就城乡居民收入差距在抑制或者促进农业发展方面尚未形成一致结论，基于诸多学者的研究成果，本研究认为城乡居民收入差距将从以下三个方面对农业GTFP的增长产生影响。①金融资本转移：由于农业属于国民经济发展过程中的基础产业与薄弱产业，收益率远低于二、三产业，缺乏对金融资本的吸引力，财政资金投入也相对不足。此外，城乡收入差距的增加导致农民远离农业生产活动，降低了农业生产投资，从而限制了农业发展。②人力资本转移：城乡收入差距的增加会促进人力资本向城市转移，并且由于转移的人力资本大多属于青壮年，属于农业生产中的高质量劳动力，还可能会阻碍农业生产的先进技术扩散，极大地抑制了农业生产。③耕地面积减少：一方面城乡收入差距的增加促进了农村部分耕地的非农化利用；另一方面，劳动力流失导致部分农民自有耕地闲置，农业生产空间收缩，农业发展受到抑制。

（8）城镇化水平。城镇化与工业化相伴而生，同样可能会对农业绿色全要素生产率产生正负两方面的影响。第一，在城镇化早期阶段，城市快速扩张，土地、资金、劳动力等生产要素向城市流动，城镇化导致的污染问题加剧，城镇发展对农村形成虹吸效应，将会在极大程度上阻碍农业GTFP的提高。第二，在初级城市化向高级城市化发展阶段，城市投资趋于饱和，生产要素转而投向农村地区，并且随着城市基础设施完善、科技水平进步以及民众环保意识的觉醒，将会形成城市反哺农村的现象，对农业绿色全要素生产率产生促进作用。

（9）环境规制。环境问题日益严峻，政府层面对环境保护愈发重视，环境规制是促进农业绿色发展的重要手段。根据现有研究，学者们关于环境规制对农业的影响尚未达成共识。一方面，有学者认为，环境规制会刺激农业从业者改变生产方式，积极寻求技术进步，减少非期望产出。此外，环境规制还可促进技术变革，增加绿色技术投资，有利于农业GTFP的提高。另一方面，根据"遵循成本"理论，施行环境规制相关政策所产生的成本效应高于其产生的正向激励效应。梁流涛（2012）通过实证分析发现农业环境规制对农业绿色技术效率的影响显著为负。结合"波特假说"可知，只有配合一定的环境规制力度、实施效率以及有效的治理体系才能有效发挥环境规制政策的正向激励效应。

5.2.2 指标选取与数据说明

（1）指标选取。农林牧渔业固定资产投资：选取相关年鉴中不包含农户的农林牧渔固定资产投资作为量化指标，并假设其对于农业绿色全要素生产率存在正负两方面的影响。

经济发展水平：以地区 GDP 表示经济发展水平，预期对农业绿色全要素生产率的影响尚不明确，需要进一步分析验证。

工业化水平：以地区工业产值与地区 GDP 之比作为工业化水平的量化指标，并假设工业化对农业绿色全要素生产率存在正负两方面的影响。

第一产业集聚指数：以区位熵代表第一产业集聚指数，即本地区第一产业产值与京津冀地区第一产业总产值之比除以本地区总产值与京津冀地区总产值之比，并预期第一产业集聚对农业绿色全要素生产率存在正负两方面影响。

一、二产业协同集聚指数：本研究以一、二产业集聚指数之差的绝对值除以一、二产业集聚指数之和来表示一、二产业协同集聚指数，并假设一、二产业协同集聚将对京津冀地区的农业绿色全要素生产率产生正负两方面的影响。

一、三产业协同集聚指数：本研究以一、三产业集聚指数之差的绝对值除以一、三产业集聚指数之和来表示一、三产业协同集聚指数，并假设一、三产业协同集聚将对农业绿色全要素生产率产生正向影响。

城乡居民收入差距：本研究使用城市与农村居民人均可支配收入之比表示城乡居民收入差距，预期城乡收入差距增加将会对农业 GTFP 产生负向影响。

城镇化水平：本研究结合京津冀地区当前城镇化发展阶段，以城镇常住人口与总人口之比来表示城镇化水平，预期城镇化水平将对农业 GTFP 产生负向影响。

环境规制：本研究以节能环保支出表示环境规制，并预期环境规制对于农业 GTFP 的影响为正。

最终甄选出的京津冀地区农业 GTFP 影响因素详细说明如表 5-2 所示。

表 5-2　相关影响因素指标解释说明

指标名称	符号	解释说明	单位	预期影响	备注
农林牧渔业固定资产投资	$X1$	农林牧渔业固定资产投资（不含农户）	万元	＋	
经济发展水平	$X2$	地区生产总值	亿元	＋/－	
工业化水平	$X3$	工业增加值/地区生产总值	％	＋/－	
第一产业集聚指数	$X4$	（各市第一产业/京津冀地区第一产业产值）/（各市地区总产值/京津冀地区总产值）	—	＋/－	
一、二产业协同集聚指数	$X5$	（第一产业集聚指数－第二产业集聚指数）/（第一产业集聚指数＋第二产业集聚指数）	—	＋/－	第二、三产业集聚指数计算方法同第一产业集聚指数
一、三产业协同集聚指数	$X6$	（第一产业集聚指数－第三产业集聚指数）/（第一产业集聚指数＋第三产业集聚指数）	—	＋	
城乡居民收入差距	$X7$	城镇居民可支配收入/农村居民可支配收入	—	＋/－	
城镇化水平	$X8$	城镇常住人口/总人口	％	＋/－	
环境规制	$X9$	各市财政支出中节能环保支出项目	亿元	＋/－	

（2）数据说明。表 5-3 为相关影响因素的描述性统计结果。

表 5-3　农业 *GTFP* 相关影响因素指标描述性统计结果

变量	符号	样本数量	平均值	标准差	最小值	最大值
农业 GTFP	$Y1$	221	1.111	0.175	0.36	1.828
农林牧渔业固定资产投资（不含农户）	$X1$	221	845 133	935 996	8 671.9	5 949 000
经济发展水平	$X2$	221	4 041.18	5 867.09	300.62	36 102.6

（续）

变量	符号	样本数量	平均值	标准差	最小值	最大值
工业化水平	X3	221	0.409	0.104	0.117	1.024
第一产业集聚指数	X4	221	1.851	0.887	0.061	4.482
一、二产业协同集聚指数	X5	221	0.298	0.190	0.001	0.804
一、三产业协同集聚指数	X6	221	0.520	0.150	0.099	0.906
城乡居民收入差距	X7	221	0.396	0.058	0.223	0.546
城镇化水平	X8	221	51.15	12.38	28.88	84.59
环境规制	X9	221	95.84	86.16	0.58	458.44

表 5-2 和表 5-3 中所有变量所需原始数据来源于中国、河北省、天津市及北京市等相关官方统计年鉴。从 2018 年开始，雄安新区数据进行单列，为保证数据的一致性以及统计结果的准确性，本研究将雄安新区数据纳入保定市进行研究，并采用插值法补齐缺失值。

5.2.3 模型构建与检验

（1）模型构建。根据空间相关性分析结果，京津冀地区农业 GTFP 存在显著的空间相关性。在这种情况下，采用传统的计量模型会导致计量结果产生误差，因此，本研究引入空间计量模型以体现空间相关关系。空间计量模型通常可以分为以下三种。

①空间滞后模型（SAR）。SAR 模型是以解释变量的空间滞后项作为因变量，对空间序列进行自回归。主要用于解释相邻区域行为之间的空间溢出效应。表达式如式（5-6）所示。

$$y = \lambda W_y + X\beta + \varepsilon \qquad (5-6)$$

其中，y 为某地区某时期的农业 GTFP，λ 为空间自回归系数，β 则为相应系数；ε 表示随机扰动项。当 $\lambda = 0$ 时，可以简化为一般的线性回归模型，因此，可以通过观测是否拒绝原假设 "$H_0:\lambda = 0$" 检验空间效应的存在与否。

②空间误差模型（SEM）。通过对误差项进行滞后回归分析，SEM模型可以反映随机扰动项的空间依赖性，用于研究相邻地区不包含在解释变量中但对被解释变量有影响的相邻地区的遗漏变量或者是无法测量的随机因素对于本地区的影响。表达式如式（5-7）所示。

$$y = X\beta + \mu \qquad (5-7)$$

其中，扰动项 μ 的生成过程为：

$$\mu = \rho M\mu + \varepsilon, \varepsilon \sim N(0, \sigma^2 I_n)$$

即 $B\mu = (I - \rho M)\mu = \varepsilon, B = (I - \rho M)$。其中，$M$ 为权重矩阵，ρ 为随机扰动项的空间自回归系数，代表观测值的误差项对于周边区域观测值的影响作用。

③空间杜宾模型（SDM）。在区域 i 的被解释变量受相邻区域自变量即解释变量的影响的假设下，对解释与被解释变量的邻接关系同时进行回归计算，得到表达式如式（5-8）所示。

$$y = \lambda W_y + X\beta + WX\delta + \varepsilon \qquad (5-8)$$

其中，$WX\delta$ 代表相邻地区自变量的影响，δ 为相应的系数向量。可以看出，当 $\delta = 0$ 时，SDM模型可简化为SAR模型；当 $\lambda = 0$ 且 $\varepsilon = 0$ 时，SDM模型可简化为SEM模型，即SDM模型可以看作SAR模型和SEM模型的扩展形式。

（2）模型检验。在上文的空间自相关性分析中，可以确认京津冀地区农业绿色全要素生产率存在空间相关性，在此基础上，使用空间计量模型对京津冀地区农业GTFP的相关影响因素进行实证分析。

上述三种模型中，每种模型又可以分为固定效应和随机效应，固定效应又分为时间、空间以及时空双固定效应。因此需要经过LM、R-LM、LR、Hausman、Wald等一系列检验以确定使用何种模型。

首先，通过LM检验和R-LM检验在SAR、SEM以及SDM三种模型中进行选择。检验结果如表5-4所示。可以看出，SAR和SEM模型的LM检验以及R-LM检验均通过5%的显著性检验，因此，本研究选取SDM模型进行后续的研究分析。

表 5 - 4   **LM 检验和 R - LM 检验结果**

检验		统计值	P 值
稳健性检验	LM	8.036	0.005
	Roubust LM	5.868	0.015
拉格朗日乘数检验	LM	3.221	0.003
	Roubust LM	1.052	0.035

其次，对其进行 Hausman 检验，以确定选择何种效应。根据表 5 - 5 可知，检验结果在 1% 的水平下显著，即采用固定效应进行后续分析的效果优于采用随机效应进行分析的结果。

表 5 - 5   **Hausman 检验结果**

检验方法	统计值	P 值
Hausman 检验	32.7	0.000 2

最后，需要对上述确定使用的模型进行进一步的 LR 检验以及 Wald 检验。根据表 5 - 6 可知，数据均在 5% 的水平下显著，可以确定 SDM 模型不会退化为 SEM 或 SAR 模型。

表 5 - 6   **LR 检验和 Wald 检验结果**

检验方法	SAR 模型		SEM 模型	
	统计值	P 值	统计值	P 值
LR 检验	15.94	0.043 2	12.73	0.048 9
Wald 检验	19.51	0.021 2	15.2	0.045 5

由于固定效应又包括时间固定效应、空间固定效应以及时空双固定效应，本研究结合各个模型的拟合系数（R^2）以及对数似然比（$Log - Likelihold$）进行综合判断，结果如表 5 - 7 所示。可以看出，虽然时空双固定效应的 SDM 模型对数似然比略低于时间固定效应的 SDM 模型，但其拟合系数高于其他两个模型，因此，本研究通过综合对比，最终选择基于时空双固定效应的 SDM 模型进行后续的研究分析。

表 5 - 7　固定效应模型检验

系数	SDM 时空双固定 效应模型	SDM 时间固定 效应模型	SDM 空间固定 效应模型
R^2	0.869	0.568	0.706
$Log - Likelihold$	189.495 1	198.158	137.256

5.3 结果分析

5.3.1 模型回归结果分析

根据以上分析，采用京津冀地区 2004—2020 年的面板数据，利用 Stata 建立空间杜宾模型进行回归分析（表 5 - 8）。

可以发现，农林牧渔投资（$X1$）以及一二产业协同集聚水平（$X5$）均会对本地区的农业 GTFP 产生正向影响，并且在 1% 的水平下显著。也就是说，增加农林牧渔投资以及一二产业协同集聚水平的上升会促进农业生产技术进步，推动产业升级。工业化（$X3$）进程加速在促进农业生产技术进步、提高农业生产效率的同时，会侵占农业生产空间，并且增加能源消耗，加剧农业面源污染，提高农业非期望产出，两者产生抵消效应，但对于农业 GTFP 的提高效应强于降低效应，因此对本地区农业 GTFP 产生了不显著的正向影响。经济发展水平（$X2$）、第一产业集聚水平（$X4$）、一三产业协同集聚水平（$X6$）、城乡居民收入差距（$X7$）、城镇化水平（$X8$）以及节能环保支出（$X9$）的增加均会对本地区农业 GTFP 产生负向影响。其中，$X6$、$X7$ 以及 $X8$ 产生的负向影响在 5% 的水平下显著，$X2$ 以及 $X9$ 较为显著，$X4$ 不显著。

而对于与本地区经济发展水平相近地区的农业 GTFP 来说，城乡居民收入差距（$X7$）、工业化水平（$X3$）、一二产业协同集聚水平（$X5$）、经济发展水平（$X2$）、城镇化水平（$X8$）以及节能环保支出（$X9$）均会对其产生正向影响，其中仅有 $X5$ 以及 $X7$ 显著，$X2$、$X6$、$X8$ 及 $X9$ 较为显著，其余影响因素均不显著。除此之外，第一产业集聚水平（X4）具有较为显著的负向影响，农林牧渔投资（X1）以及一三产业协同集聚水平（X6）则会对经济发展水平相近地区的农业 GTFP 产生不显著的负向影响。关于所有影响因素对农业绿色全要素生产率的影响机制以及详细原因将在下文的空间溢出效应分解中进行分析。

表 5 - 8　空间杜宾模型回归结果

变量	主系数	P 值	空间滞后项系数	P 值
X1	0.051	0.006	−0.011	0.808
X2	−0.074	0.28	0.018	0.308
X3	0.147	0.457	0.311	0.633
X4	−0.068	0.393	−0.137	0.407
X5	1.001	0.001	1.448	0.028
X6	−0.557	0.028	−0.617	0.143
X7	−0.512	0.012	0.805	0.063
X8	−0.015 4	0.037	0.013	0.393
X9	−0.000 4	0.109	0.000 6	0.348

5.3.2 空间效应分解

由于纳入空间因素后，空间杜宾（SDM）模型的回归系数还包括了农业绿色全要素生产率空间自相关项以及各影响因素的空间相关项，无法准确地量化解释变量对被解释变量的作用大小，仍需将各解释变量的空间总效应分解为直接效应和间接效应。其中，直接效应表示各影响因素对于本地区的农业绿色全要素生产率的影响程度及方向，间接效应表示各影响因素对经济发展水平相近地区的农业绿色全要素生产率的影响程度及方向，总效应表示各影响因素对京津冀地区的农业绿色全要素生产率的平均影响程度及方向（表 5 - 9）。

①农林牧渔投资（X1）对农业 GTFP 的直接效应为正，系数为0.061 并且在 1% 的水平下显著，即农林牧渔投资每增加 1%，本地区农

业 GTFP 将提高 0.061%，与预期相符。间接效应的系数为－0.01，但不够显著，可能是由于本地区农林牧渔投资的增加在促进本地农业发展的同时，对经济发展水平相近地区的农业发展产生了虹吸效应，但由于投资规模的限制，产生了不明显的虹吸效应。总效应系数为 0.051，P 值为 0.222，即农林牧渔投资促进了农业生产方式变革以及技术进步，对京津冀地区的农业 GTFP 总体上产生了较为显著的正向影响。

表 5－9　空间溢出效应分解

影响因素	直接效应	P 值	间接效应	P 值	总效应	P 值
$X1$	0.061	0.003	－0.01	0.757	0.051	0.222
$X2$	－0.080	0.199	0.033	0.841	－0.047	0.789
$X3$	0.131	0.514	0.239	0.667	0.37	0.481
$X4$	－0.055	0.46	－0.092	0.454	－0.147	0.303
$X5$	0.876	0.001	0.877	0.069	1.753	0.002
$X6$	－0.504	0.046	－0.331	0.304	－0.836	0.037
$X7$	－0.633	0.010	0.81	0.025	0.177	0.07
$X8$	－0.017	0.031	0.016	0.238	－0.002	0.364
$X9$	0.000 4	0.132	0.000 3	0.505	0.001	0.159

②经济发展水平（$X2$）的直接效应系数为－0.080，P 值为 0.199，即经济发展水平每上升 1%，本地区农业 GTFP 将减少－0.08%，负向影响较为显著。结合上文的分析，可能是由于经济发展水平的上升促进了城市对农业农村发展产生虹吸效应，但同时又存在弱于虹吸效应的反哺效应，导致经济发展水平对农业 GTFP 产生了较为显著的负向影响。间接效应系数为 0.033 但未通过显著性检验，可能是由于本地区的经济发展促进农业向相邻地区转移，促进经济水平相近地区的农业产业发展，但未形成一定规模，从而对经济水平相近地区的农业 GTFP 产生了不显著的正向影响。总效应系数为－0.047，未通过显著性检验，表示经济发展水平的上升会对京津冀地区的农业绿色全要素生产率产生不显著的负向影响，未来需要进一步促进生产要素向第一产业的转移，落实耕地保护政策，促

进农业生产技术进步，推动农业绿色发展。

③工业化水平（X3）直接效应系数为 0.131，总效应系数为 0.37，间接效应系数为 0.239，均未通过显著性检验，说明无论是对于本地区、经济发展水平相近地区还是京津冀整体层面来说，工业化对农业 GTFP 均存在不显著的正向影响。可能是由于工业化发展在促进农业 GTFP 提高的同时，增加了温室气体排放，塑料农膜、化肥农药、能源消耗等一系列非期望产出增加，但小于期望产出的增加，由此对农业 GTFP 产生了不显著的正向影响。

④第一产业集聚水平（X4）直接效应系数为－0.055 且不显著，与工业化相反，第一产业集聚水平对本地区、经济发展水平相近地区以及京津冀地区的农业 GTFP 均存在不显著的负向影响。间接效应系数为－0.092，总效应系数为－0.147，均未通过显著性检验。结合上文分析可知，京津冀地区第一产业集聚水平可能会导致农业生产所需的能源消耗增加，增加农业非期望产出，加剧面源污染，降低农业 GTFP，并且这种降低效应大于提高效应，从而对农业 GTFP 产生不显著的负向影响。

⑤一二产业协同集聚水平（X5）直接效应系数为 0.876，间接效应系数为 0.877，总效应系数为 1.753。其中，直接效应与总效应在 1% 的水平下显著，即一二产业协同集聚水平对于本地区以及经济发展水平相近地区的农业 GTFP 均具有显著的正向影响。间接效应在 10% 的水平下显著，结合工业化对农业绿色全要素生产率不显著的正向影响可以得出，一二产业协同集聚比单纯的第二产业发展对农业绿色全要素生产率的正向影响更加明显。原因在于一二产业协同集聚产生外部经济效应，促进资本、生产技术以及劳动力向第一产业溢出，并且地区间的产业分工合作更加密切，农业生产技术发生了极大进步，由此提高了农业 GTFP。

⑥一三产业协同集聚水平（X6）直接效应系数为－0.504，总效应系数为－0.836，均通过了 5% 的显著性水平检验，可能由于本研究以农林牧渔（不含服务业）总产值作为期望产出指标，一三产业协同集聚带来的价值提升被归为第三产业产值，没有带来第一产业产值的明显提升。相

反，第三产业的发展导致耕地面积减少，农民从事农业生产活动意愿降低，第一产业产值随之下降，从而对本地区以及京津冀地区整体的农业GTFP产生显著的负向影响。此外，间接效应系数为—0.331且不显著，意味着经济发展水平相近地区的一三产业发展受本地区影响，产生趋同效应，对农业绿色全要素生产率产生不显著的负向影响。

⑦城乡居民收入差距（$X7$）直接效应系数为—0.633，并在1％的水平下显著，表明城乡居民收入差距对本地区的农业GTFP的负向影响显著。间接效应系数为0.81，总效应系数为0.177，分别在5％和10％的水平下显著，说明城乡居民收入差距对于经济发展水平相近地区以及京津冀整体的农业GTFP具有显著的促进作用。城乡收入差距的增加导致金融资本、人力资本以及土地资源向非农产业转移，极大地影响了本地区农业绿色全要素生产率的增长。但对于经济发展水平相近地区以及京津冀地区整体层面来说，城乡收入差距的增加一方面可能会促进第一产业向更合适发展的地区转移，充分发挥比较优势；另一方面，城乡居民收入差距加大导致生产要素向非农产业转移，促进本地区经济发展水平的提高，进一步加快了本地区农业生产技术进步，并对相近地区产生溢出效应，从而提高农业绿色全要素生产率。

⑧城镇化水平（$X8$）直接效应系数为—0.017且显著，间接效应系数为0.016，总效应系数为—0.002，均未通过显著性检验。原因可能在于京津冀地区在推进城镇化进程中，对农业发展形成了虹吸效应，导致本地区农业绿色全要素生产率降低。但本地区的城镇化水平提高会促进第一产业向经济发展水平相近地区的转移，从而对经济发展水平相近地区的农业绿色全要素生产率产生不显著的正向影响。

⑨节能环保支出（$X9$）直接效应系数为0.000 4，未通过10％的显著性水平检验，对本地区农业GTFP存在不显著的负向影响。由于节能环保支出大部分是对于第二产业或是第三产业的支出，对第一产业投入的节能环保支出较少，因此对于农业绿色全要素生产率的影响并不显著。并且投入第一产业的节能环保支出增加，可能会暂时影响本地区当前的农业生

产方式，降低农业产出。间接效应系数为 0.000 3，总效应系数为 0.001，均不显著。究其原因，节能环保支出的增加代表当地环境规制力度的增强，为减少生产成本，农业生产逐渐向经济发展水平相近地区转移，从而对经济发展水平相近地区的农业 GTFP 产生不显著的正向影响。

5.4 本章小结

通过本章分析，可以得出以下几点结论：

第一，通过空间权重矩阵的选择可以看出，与地理意义上的距离相比，京津冀区域经济距离相近的各城市之间的要素流动更为密切，原因可能在于对于京津冀区域这个研究尺度来说，随着现代交通工具及通信技术的发展，地理距离对于经济联系的影响可以忽略不计，经济发展水平相近的城市之间会产生一些正向或负向的溢出效应。

第二，京津冀区域内各城市的农业 GTFP 在大部分年份存在负向空间关联效应，并且这种效应在 2015 年之后越发显著。一方面说明京津冀地区经济发展水平相近的城市间在农业绿色发展方面存在虹吸效应，即这些城市间存在农业绿色全要素生产率的高—低或低—高集聚现象；另一方面说明这种城市间的虹吸效应在监测早期并不明显，而是随着京津冀协同发展战略的推进，生产要素发生扩散，城市间分工合作体系逐渐完善，经济发展水平接近的区域的农业 GTFP 的负向空间关联性逐渐显著。

第三，环境规制、工业化和一二产业协同集聚对于本地区及经济发展水平相近地区的农业 GTFP 均具有正向影响。第一产业集聚和一三产业协同集聚对于本地区及经济发展水平相近地区的农业 GTFP 均具有负向影响。农林牧渔投资对于本地区 GTFP 具有正向影响，对于经济发展水平相近地区 GTFP 具有负向影响。而经济发展、城乡居民收入差距与城镇化水平对于 GTFP 的影响则与农林牧渔投资相反。

6 研究结论及对策建议

6.1 研究结论

本研究以京津冀城市群内各城市在 2004—2020 年的农业绿色全要素生产率作为研究对象，首先，从生产条件、产出情况、农业生产投入品使用情况、面源污染以及相关政策共五个方面分析了京津冀区域农业绿色发展现状。其次，将农业面源污染及碳排放作为非期望产出，测算出各城市的农业绿色全要素生产率，并对其进行静态和动态效率分析。最后，选取经济距离矩阵验证京津冀各市的农业绿色全要素生产率之间的空间关联效应，在此基础上对各项影响因素的空间溢出效应进行研究与分解。

6.1.1 京津冀农业绿色发展总体水平显著提升

北京市、天津市及河北省在农业面源污染防治、耕地保护与质量提升、水土资源集约利用、绿色发展政策体系建立以及生产效率提升等方面均取得了很大进展，但仍存在较多问题。部分区域单位面积农药、化肥及农膜使用量仍然较高，农业生产技术进步指数较低，各地区农业绿色发展 SEC、PEC 和 TC 指数之间存在或多或少的抵消效应，省级层面的相关农业发展政策缺乏协同性等。

6.1.2 京津冀农业绿色发展区域协同水平不高

当前京津冀地区在农业绿色发展过程中存在生态效益与经济效益无法

兼顾、区域农业绿色发展协同水平低等问题。河北省的农业绿色发展进程明显滞后于北京市与天津市，北京市农业绿色发展进程最快，其次是天津市的农业绿色发展进程，河北省农业绿色发展进程最慢。京津冀协同发展面临促进经济增长和生态治理的两难选择，京津冀地区尤其是河北面临着巨大的生态保护成本，生态补偿机制有待进一步完善。

6.1.3 京津冀各地农业绿色发展存在差异

北京市水土资源有限，规模效率在观测期间呈下降趋势，农作物播种面积和农林牧渔业产值都处于京津冀区域内最低水平，机械化水平不高，但北京市的科教资源优势使其具有最高的劳动及土地产出效率，绿色技术进步和纯技术效率指数也高于其他地区。河北省规模效率有所增加，但在农业生产技术和管理水平方面存在较大欠缺，抑制了农业 GTFP 的增长。保定市农作物播种面积与造林面积在京津冀地区最高，唐山市水产养殖面积最高，石家庄市与唐山市肉类总产量最高。可见京津冀地区受各地资源禀赋以及城市发展和功能定位等因素的影响，各市农林牧渔业发展侧重点不同，农业绿色发展水平也不尽相同。

6.1.4 技术进步是影响农业 GTFP 增长的主要来源

通过对京津冀地区农业 GTFP 进行动态效率分解，可以发现农业生产技术进步是促进或抑制农业 GTFP 增长的主要原因。就京津冀整体层面来说，区域农业 GTFP 在观测期间的变化趋势与技术进步曲线相吻合。分区层面来说，技术进步对于两大分区的农业绿色全要素生产率的贡献最大。具体到市级层面来说，技术进步同样是各市农业 GTFP 增长的主要动力。

6.1.5 经济因素对于京津冀地区间要素流动的影响较大

在使用经济距离空间权重矩阵的情况下，空间相关性更加显著。由此可见，相较于地理意义上的接壤关系，经济发展水平较为接近的城市之间的产业间合作更为密切。原因可能在于，对于京津冀地区来说，交通工具的不断发展使得距离不再是城市间合作的主要考虑因素。而经济发展水平相近的城市之间由于产业结构较为相似，生产要素之间的流动较为频繁，从而使产业间的联系也更加紧密。

6.1.6 京津冀地区农业绿色全要素生产率存在负向空间相关性

京津冀地区农业绿色全要素生产率在大部分年份存在负向空间关联效应，并且在近5年的空间关联效应最为显著。一方面说明京津冀地区经济发展水平相近的城市间在农业绿色发展方面存在虹吸效应，即这些城市间存在农业绿色全要素生产率的高—低或低—高集聚现象。另一方面说明这种城市间的虹吸效应在监测早期并不明显，而是随着京津冀协同发展战略的推进，生产要素发生扩散，城市间分工合作体系逐渐完善，经济发展水平接近的区域的农业绿色全要素生产率的负向空间关联性逐渐显著。

6.2 对策建议

6.2.1 推动农业生态环境保护协同发展，净化农产品产地环境

京津冀区域农业绿色发展具有重要的战略意义。以往依靠资源消耗的粗放型农业生产方式对生态系统造成了极大的破坏，极大地影响了农业绿色可持续发展。树立生态文明建设理念至关重要，应遵循整体性、系统性规律，统筹推进农业生态系统保护与修复。一方面，健全耕地轮作休耕制度，在地下水超采和生态严重退化区实施休耕政策，对土壤污染情况进行长期监测，实施分类管理，修复农田林地生态功能，落实耕地保护制度。另一方面，强化农业面源污染防治，推进农业生产投入品减量增效并建设示范区，推广配方施肥、水肥一体化，应用有机肥、水溶肥以及专用肥等，深化测土配方施肥。推广新型高效植保机械，提高农药利用率，在病虫害防治方面优先使用物理和生物技术。以饲料化、肥料化为引领，促进

农作物秸秆资源化利用，健全畜禽养殖污染物循环利用制度，合理确定畜禽及水产养殖密度，减少农业生产磷、氨、氮以及碳排放，净化产地环境。

6.2.2 推动农业产业结构布局协同发展，建设现代农业产业体系

一方面，优化产业结构。为满足人民群众日益升级的消费需求，在未来的农业发展中，应大力发展都市型现代农业，同时使农业生产方式向绿色、健康、可持续发展转变。另一方面，优化区域布局。北京市、天津市与河北省应按照各自发展定位和比较优势，优化农业产业布局。立足自身区位与自然资源条件，因地制宜打造特色农业经济，充分发挥规模效应，提升农业经济效益。北京、天津依托区位、科教资源以及消费市场优势，发展以休闲观光、技术研发为主的都市型与知识密集型现代农业。河北省则重点发挥稳产保障功能，以承接京津农业扩散和转移、促进农业转型发展为主，发展优质高效型农业，建设现代化的农产品生产、加工和物流产业。统筹推进农业生产要素优化配置，促进农业产业链延伸，构建现代农业协同发展产业体系。

6.2.3 推动绿色农业科技协同发展，提高农业生产效率

依托科技资源优势，提升农业生产效率，促进农业科技创新、应用与转化，推动京津冀农业科技协同发展，打造京津冀农业科技高地，是京津冀地区农业绿色协同发展的重要部分。在信息化协同方面，搭建科技资源平台，建立完善的对接机制。在科技创新资源协同方面，应组建京津冀农业科技创新联盟，加快关键技术研发和技术标准创新，深化产学研合作，促进技术资源在区域内快速流动，加快农业科技成果转化效率。在人才配置方面，鼓励农业科技人才在京津冀地区合理流动，探索完善权益分配激励机制。推进京津冀区域农业技术及人才一体化建设，实现科研成果共享共用，推动技术进步，进而促进农业绿色全要素生产率的增长。

6.2.4 推动区域农产品市场协同发展，完善信息共享机制

首先，依托现有资源，建设优质农产品生产基地，合理布局产地市场与区域集散中心，构建现代农产品市场流通网络，开辟京津冀农产品绿色通道，加快构建环京津物流体系，引导各类农业生产经营主体与电商企业对接，促进京津冀区域内农产品快速流通。其次，进一步深化各类农业经营组织间的联系与合作，支持各类农业经营主体进行整合发展，形成关联紧密、分工明确的跨区域的农业产业化联合体，形成京津冀区域一体化市场发展格局，破除京津冀地区当前农业生产规模小、经营分散的问题。最后，进一步完善京津冀农产品流通体系、市场信息体系、市场准入体系和农业标准化体系，完善区域信息共享机制，为京津冀区域农产品市场协同发展提供制度保障，通过加强区域内农业经济联系进一步促进农业绿色协同发展。

6.2.5 推动体制机制创新协同发展，有效破除区域壁垒

农业政策支持及有效衔接是京津冀农业协同发展的保障。由于行政区划的限制，京津冀区域内的农业生产要素资源难以完全实现自由流动，落后地区优质资源无法进行经济转化。因此，发挥京津冀区域农业政策引领作用，必须构建京津冀区域互补协同的政策体系。第一，构建京津冀协同的农村土地政策，坚持统筹布置、同步推进，开展农村土地流转、集体经营性建设用地入市、宅基地制度改革试点，建立综合互通的农村产权交易流转综合服务与管理平台。第二，构建京津冀协同的农业金融政策，建立各地区相互协同的农村信贷担保体系。第三，构建京津冀协同的其他产权一体化交易政策。通过体制机制层面的协同合作，最大限度地发挥政策在京津冀农业协同发展中的引领作用。

6.2.6 推动城乡一体化协同发展，提升整体发展环境

城乡居民收入差距对于本地区的农业绿色全要素生产率具有显著影

响，因此，统筹推进城乡协同发展对于京津冀区域农业协同发展至关重要。一方面，应努力推进区域内公共服务均等化，完善城乡基础设施建设，对相对落后地区的农村加大财政投入，推进公共服务设施的共建共享和综合利用，建立对口帮扶机制，发展特色农业，防止返贫。另一方面，推进先进要素向农村地区流动，积极引导农业人才回乡发展，改善乡村人员待遇。加强教育宣传，提升居民生产环境保护意识，加快打造美丽宜居的新家园。

参 考 文 献

蔡慧敏，2021. 山东省农业面源污染测算及治理对策研究［D］. 济南：山东财经大学.

曹东，赵学涛，杨威杉，2012. 中国绿色经济发展和机制政策创新研究［J］. 中国人口·资源与环境，22（5）：48-54.

陈敏鹏，陈吉宁，赖斯芸，2006. 中国农业和农村污染的清单分析与空间特征识别［J］. 中国环境科学（6）：751-755.

陈帅宇，闵锐，黄炜虹，2020. 湖北省农业绿色发展指标体系建构与应用研究［J］. 南方农业，14（32）：130-131，140.

陈卫平，2006. 中国农业生产率增长、技术进步与效率变化：1990—2003年［J］. 中国农村观察（1）：18-23，38，80.

陈怡，2011. 基于环境因素的中国农业生产率增长状况实证研究［D］. 重庆：重庆大学.

谌贻庆，王华瑞，陶春峰，2016. 江西省农业生产效率评价及影响因素研究［J］. 华东经济管理，30（7）：21-28.

成刚，2014. 数据包络分析法与 MaxDea 软件［M］. 北京：知识产权出版社.

崔健，王丹，2021. 乡村振兴背景下农村绿色发展问题研究［J］. 农业经济（2）：44-45.

崔如波，2002. 绿色经济：21世纪持续经济的主导形态［J］. 社会科学研究（4）：47-50.

大卫·皮尔斯，1997. 绿色经济的蓝图（4）——获得全球环境价值［M］. 徐少辉，冉圣宏，等，译. 北京：北京师范大学出版社.

代康宁，2020. 环渤海地区农业生态补偿机制研究［D］. 武汉：长江大学.

德内拉·梅多斯，乔根·兰德斯，丹尼斯·梅多斯，2021. 增长的极限［M］. 李涛，王智勇，译. 北京：机械工业出版社.

丁胜，2020. 中国省际绿色全要素生产率及其影响因素研究［D］. 哈尔滨：哈尔滨工业大学.

董娟，2022. 要素投入结构对资源型企业绿色全要素生产率的影响研究［D］. 赣州：江西理工大学.

董旭，崔怡晴，胡国浩，等，2020. 京津冀城市群潜在土地利用冲突及对策分析 [J]. 山西农经（22）：36 - 37.

杜洪燕，陈俊红，刘宝印，等，2020. 京津冀农业协同发展特征及路径研究 [J]. 河北农业大学学报（社会科学版），22（2）：28 - 36.

杜志雄，金书秦，2021. 从国际经验看中国农业绿色发展 [J]. 世界农业（2）：4 - 9，18.

段华平，刘德进，杨国红，等，2009. 基于清单分析的农业面源污染源强计算方法 [J]. 环境科学与管理，34（12）：58 - 61.

段华平，张悦，赵建波，等，2011. 中国农田生态系统的碳足迹分析 [J]. 水土保持学报，25（5）：203 - 208.

冯海发，1990. 中国农业总要素生产率变动趋势及增长模式 [J]. 经济研究（5）：47 - 54.

高鸣，宋洪远，2015. 中国农业碳排放绩效的空间收敛与分异——基于 Malmquist - Luenburger 指数与空间计量的实证分析 [J]. 经济地理，35（4）：142 - 148，185.

高永祥，2022. 新发展格局下江苏省农业绿色发展的实现路径探索 [J]. 黑龙江粮食（12）：92 - 94.

郭海红，2019. 中国农业绿色全要素生产率时空分异与增长路径研究 [D]. 青岛：中国石油大学（华东）.

郭迷，2011. 中国农业绿色发展指标体系构建及评价研究 [D]. 北京：北京林业大学.

郭然，2021. 产业协同集聚下绿色全要素生产率增长的实现机制研究 [D]. 大连：大连理工大学.

侯伟丽，2004.21 世纪中国绿色发展问题研究 [J]. 南都学坛（3）：106 - 110.

胡鞍钢，2005. 中国：绿色发展与绿色 GDP（1970—2001 年）[J]. 中国科学基金（2）：22 - 27.

胡立和，商勇，王欢芳，2019. 工业绿色全要素生产率变化的实证分析——基于长江经济带 11 个省市的面板数据 [J]. 湖南社会科学（4）：108 - 114.

胡晓珍，杨龙，2011. 中国区域绿色全要素生产率增长差异及收敛分析 [J]. 财经研究，37（4）：123 - 134.

黄勇峰，任若恩，2002. 中美两国制造业全要素生产率比较研究 [J]. 经济学（季刊）（4）：161 - 180.

惠树鹏，张威振，边珺，2017. 工业绿色全要素生产率增长的动力体系及驱动效应研究 [J]. 统计与信息论坛，32（12）：78 - 85.

纪成君，夏怀明，2020. 我国农业绿色全要素生产率的区域差异与收敛性分析 [J]. 中国农业资源与区划，41（12）：136－143.

焦翔，2019. 我国农业绿色发展现状、问题及对策［J］. 农业经济（7）：3－5.

金书秦，牛坤玉，韩冬梅，2020. 农业绿色发展路径及其"十四五"取向［J］. 改革
（2）：30－39.

金书秦，武岩，2014. 农业面源是水体污染的首要原因吗？——基于淮河流域数据的检验
［J］. 中国农村经济（9）：71－81.

赖斯芸，杜鹏飞，陈吉宁，2004. 基于单元分析的非点源污染调查评估方法［J］. 清华大
学学报（自然科学版），44（9）：1184－1187.

蕾切尔·卡逊著，2018. 寂静的春天［M］. 许亮，译. 北京：北京理工大学出版社.

蓝海涛，王为农，涂圣伟，等，2016. "十三五"时期我国现代农业发展趋势、思路及任
务［J］. 经济研究参考（27）：31－43.

李波，张俊飚，李海鹏，2011. 中国农业碳排放时空特征及影响因素分析［J］. 中国人
口·资源与环境（8）：80－87.

李菲菲，周霞，周玉玺，2023. 环渤海地区农业绿色发展水平评价与区域差异分析［J/
OL］. 中国农业资源与区划（3）：118－129.

李谷成，冯中朝，2010. 中国农业全要素生产率增长：技术推进抑或效率驱动——一项基
于随机前沿生产函数的行业比较研究［J］. 农业技术经济（5）：4－14.

李谷成，2014. 中国农业的绿色生产率革命：1978—2008 年［J］. 经济学（季刊），13
（2）：537－558.

李健，刘召，2019. 中国三大城市群绿色全要素生产率空间差异及影响因素［J］. 软科
学，33（2）：61－64，80.

李俐，2017. 绿色发展评价及实证分析［J］. 未来与发展，41（4）：61－65.

李欠男，李谷成，高雪，等，2019. 农业全要素生产率增长的地区差距及空间收敛性分析
［J］. 中国农业资源与区划，40（7）：28－36.

李兆亮，罗小锋，薛龙飞，等，2017. 中国农业绿色生产效率的区域差异及其影响因素分
析［J］. 中国农业大学学报，22（10）：203－212.

梁莉，石奇，周宁，2022. 节粮减损、商业模式创新与企业全要素生产率［J］. 财经科学
（12）：88－102.

梁流涛，曲福田，冯淑怡，2013. 经济发展与农业面源污染：分解模型与实证研究［J］.
长江流域资源与环境，22（10）：1369－1374.

梁流涛，2009. 农村生态环境时空特征及其演变规律研究［D］. 南京：南京农业大学.

林光平，龙志和，吴梅，2005. 我国地区经济收敛的空间计量实证分析：1978—2002 年
［J］. 经济学（季刊）（S1）：67－82.

刘滨，2010. 绿色农业与低碳经济的概念特征和发展目标浅谈 ［J］. 北京农业（30）：90－92.

刘俐，2020. 1995—2018 年的中国农业经济增长——基于空间杜宾模型的实证研究 ［J］. 经济研究导刊（14）：16－19.

刘巍，2022. 乡村振兴视域下我国农业绿色发展的五个维度探赜 ［J］. 农业经济（1）：9－11.

刘妍，李名威，赵帮宏，2020. 京津冀协同视域下河北省现代农业发展现状、问题与对策 ［J］. 河北农业大学学报（社会科学版），22（4）：27－32.

刘杨，刘鸿斌，2022. 山东省农业碳排放特征、影响因素及达峰分析 ［J］. 中国生态农业学报（中英文），30（4）：558－569.

刘亦文，欧阳莹，蔡宏宇，2021. 中国农业绿色全要素生产率测度及时空演化特征研究 ［J］. 数量经济技术经济研究，38（5）：39－56.

柳天恩，田学斌，2019. 京津冀协同发展：进展、成效与展望 ［J］. 中国流通经济，33（11）：116－128.

马骏，1989. 各地区工业全要素生产率的比较研究 ［J］. 求索（2）：17－21.

马宽，刘丽辉，王雅欣，等，2022. 企业数字化转型对全要素生产率的影响研究 ［J］. 价值工程，41（31）：166－168.

毛华滨，刘苏燕，2020. 绿色发展理念的四重维度 ［J］. 理论视野（1）：51－55.

潘丹，2012. 考虑资源环境因素的中国农业生产率研究 ［D］. 南京：南京农业大学.

裴真，2022. 数字经济对企业全要素生产率的影响研究 ［D］. 济南：山东大学.

彭倩，黄鹂，孙伟华，2021. 上海可持续发展评价体系构建及现状分析 ［J］. 上海城市管理，30（3）：84－90.

钱佳亮，徐燕，骈子涵，2022. 企业内部控制要素对全要素生产率的影响研究 ［J］. 时代经贸，19（5）：102－109.

史常亮，张益，2021. 中国农业全要素生产率增长收敛吗？——基于空间视角的分析 ［J］. 内蒙古社会科学，42（1）：137－146.

世界环境与发展委员会，1997. 我们共同的未来 ［M］. 王之佳，柯金良，译. 长春：吉林人民出版社.

宋长青，刘聪粉，王晓军，2014. 中国绿色全要素生产率测算及分解：1985—2010 ［J］. 西北农林科技大学学报（社会科学版），14（3）：120－127.

孙红军，赵祚翔，2022. 中国城市群高新技术企业全要素生产率的空间差异与动态演进 ［J］. 技术经济，41（12）：25－37.

田伟，杨璐嘉，姜静，2014. 低碳视角下中国农业环境效率的测算与分析——基于非期望产出的 SBM 模型 [J]. 中国农村观察 (5)：59 - 71，95.

田云，张俊飚，2013. 中国省级区域农业碳排放公平性研究 [J]. 中国人口·资源与环境，23 (11)：36 - 44.

王金南，曹东，陈潇君，2005. 关于国家绿色发展战略规划的初步构想 [C] //中华环保联合会. 首届环境与发展中国论坛论文集. 首届环境与发展中国论坛论文集：25 - 31.

王景利，2022. 我国绿色农业发展进程分析 [J]. 金融理论与教学 (6)：28 - 30.

王炯，邓宗兵，2012. 中国农业全要素生产率的变动趋势及区域差异——基于 1978—2008 年曼奎斯特指数分析 [J]. 生态经济 (7)：129 - 133，144.

王凯，陈明，2021. 中国绿色城镇化的认识论 [J]. 城市规划学刊 (1)：10 - 17.

王力，王达彪，曹湧滢，等，2020. 湖南省粮食生产绿色发展评价体系构建研究 [J]. 山西农经 (11)：9 - 11，62.

王小波，1992. 全要素生产率的指数估计与分解 [J]. 统计研究 (2)：58 - 65.

王欣，张仲珍，2015. 城乡一体化背景下的湖南绿色农业发展研究 [J]. 农村经济与科技，26 (4)：14 - 16，23.

王勇，2022. 农业供给侧改革背景下调整农业产业结构促进农村生态文明建设路径研究 [J]. 山西农经 (5)：33 - 35.

卫斌，2020. 荆州市农业绿色发展的影响因素及对策研究 [D]. 武汉：长江大学.

魏琦，张斌，金书秦，2018. 中国农业绿色发展指数构建及区域比较研究 [J]. 农业经济问题 (11)：11 - 20.

魏玮，谭林，刘希章，2015. 中国工业绿色全要素生产率动态演变特征研究 [J]. 价格理论与实践 (9)：91 - 93，111.

魏翔，2018. 福建省农业全要素生产率及其空间效应研究 [D]. 厦门：集美大学.

吴宝新，2015. 新形势下北京农业发展的思考 [J]. 北京农业 (1)：4 - 9.

吴红，陈俊红，赵姜，2020. 京津冀农业绿色发展成效、问题及对策 [J]. 北方园艺 (17)：166 - 171.

吴强，徐宣国，张园园，2023. 中国农业绿色生产水平测度、地区差异及动态演化趋势分析 [J/OL]. 统计与决策 (6)：109.

项保华，1987. 全部要素生产率的理论含义和计算 [J]. 管理工程学报 (1)：60 - 63.

邢思忠，2021. 农业绿色发展困境及实现路径研究 [J]. 河北农机 (2)：18 - 19.

熊肖雷，张慧芳，2021. 产业融合视角下城乡绿色农业产业链协同发展的对策研究——以贵州省为例 [J]. 经济研究导刊 (13)：17 - 21，84.

熊映梧，1994. 选择绿色发展的道路——海南与台湾产业政策比较分析 [J]. 科技导报 (12)：57 - 61.

徐盈之，朱依曦，2009. 基于随机前沿模型的中国制造业全要素生产率研究 ［J］. 统计与决策（23）：67－70.

许海萍，2008. 基于环境因素的全要素生产率和国民收入核算研究 ［D］. 杭州：浙江大学.

许雅茹，2020. 生态资本视角下中国农业绿色全要素生产率及其影响因素研究 ［D］. 哈尔滨：东北林业大学.

严立冬，崔元锋，2009. 绿色农业概念的经济学审视 ［J］. 中国地质大学学报（社会科学版），9（3）：40－43.

严先锋，王辉，黄靖，2017. 绿色转型视角下地区农业发展与干预机制研究——基于农业绿色全要素生产率的分析 ［J］. 科技管理研究，37（21）：253－260.

杨多贵，高飞鹏，2006.“绿色”发展道路的理论解析 ［J］. 科学管理研究（5）：20－23.

杨华，2012. 中国农业效率和全要素生产率研究 ［D］. 广州：暨南大学.

杨骞，王珏，李超，等，2019. 中国农业绿色全要素生产率的空间分异及其驱动因素 ［J］. 数量经济技术经济研究，36（10）：21－37.

尹昌斌，李福夺，王术，等，2021. 中国农业绿色发展的概念、内涵与原则 ［J］. 中国农业资源与区划，42（1）：1－6.

于法稳，2018. 新时代农业绿色发展动因、核心及对策研究 ［J］. 中国农村经济（5）：19－34.

余修斌，任若恩，2000. 全要素生产率、技术效率、技术进步之间的关系及测算 ［J］. 北京航空航天大学学报（社会科学版）（2）：18－23.

袁开智，2008. 中国农业技术进步率测算及分解（1985—2005）［D］. 北京：中国农业科学院.

岳鸿飞，徐颖，周静，2018. 中国工业绿色全要素生产率及技术创新贡献测评 ［J］. 上海经济研究（4）：52－61.

张彩霞，杨潇，2018. 区域农业绿色发展水平评价指标体系研究 ［J］. 统计与管理（5）：126－128.

张春霞，2001. 绿色经济：经济发展模式的根本性转变 ［J］. 福建农业大学学报（社会科学版）（4）：28－32.

张大弟，张晓红，章家骐，等，1997. 上海市郊区非点源污染综合调查评价 ［J］. 上海农业学报（1）：31－36.

张鸿铭，1999. 对绿色经济的认识 ［J］. 环境污染与防治（2）：1－3.

张弓，2013. 绿色全要素生产率的增长源泉 ［D］. 上海：复旦大学.

张佳书，田嘉琳，向叙昭，等，2019. 基于多层级耦合协调模型的京津冀农业协同发展研究［J］. 世界农业（11）：108 - 117，121.

张康洁，于法稳，2023. "双碳"目标下农业绿色发展研究：进展与展望［J］. 中国生态
农业学报（中英文），31（2）：214 - 225.

张玲，2007. 基于 Malmquist 指数的中国工业全要素生产率变动的实证研究［D］. 保定：
河北大学.

张体俊，黄建忠，高翔，2022. 企业管理能力、全要素生产率与企业出口——基于中国制
造业微观企业证据［J］. 国际贸易问题（5）：155 - 174.

张晓，1993. 我国工业生产率问题的研究［J］. 数量经济技术经济研究（8）：36 - 41.

张艳，郑贺允，葛力铭，2022. 绿色发展效率测度及协同提高机制研究分析——以中原城
市群为例［J］. 生态经济，38（1）：92 - 99.

张永霞，2006. 中国农业生产率测算及实证研究［D］. 北京：中国农业科学院.

张友国，2018. 公平、效率与绿色发展［J］. 求索（1）：72 - 81.

章力建，朱立志，2014. 京津冀一体化农业协同发展的思考［J］. 中国农业信息（15）：
9 - 12.

赵丹，2021. 我国省域绿色全要素生产率增长的溢出效应研究［D］. 重庆：重庆工商
大学.

赵杜羽，卓奇昕，张仲，等，2021. 基于碳排放的甘肃省农业绿色全要素生产率核算分析
及绿色转型路径研究［J］. 山西农经（9）：124 - 126.

赵巧峰，2014. 基于清单分析的农业面源污染等标排放量计算方法［J］. 中国农业信息
（11）：95 - 96.

赵小雨，2022. 中国绿色增长效率评价及影响因素分析［D］. 武汉：武汉大学.

赵玉萍，2020. 京津冀农村生态环境治理效率提升的策略研究［D］. 天津：天津商业
大学.

郑甘甜，陈池波，张开华，等，2022. 中国农业环境全要素生产率动态演进及收敛性分析
［J］. 中国农业资源与区划，43（1）：40 - 49.

郑昆荬，阮妙鸿，洪雅芳，等，2020. 农业供给侧结构性改革背景下的福建省农业绿色发
展评价分析［J］. 浙江农业科学，61（9）：1724 - 1728，1875.

郑绍濂，胡祖光，1986. 经济系统的经济效益度量的综合指标——全要素生产率的研究和
探讨［J］. 系统工程理论与实践（1）：33 - 39.

郑文，2013. 金融发展对中国全要素生产率的影响及其作用机制研究［D］. 武汉：华中科
技大学.

智煜，2022. 中国城市群绿色全要素生产率的收敛性及影响因素研究［D］. 兰州：兰州
大学.

中国现代都市农业竞争力研究课题组，吴方卫，刘进，2020. 2019 年中国现代都市农业竞争力综合指数［J］. 上海农村经济（8）：8-15.

周瑶，卢东宁，马勇，2020. 乡村振兴视阈下陕西农业绿色发展评价体系构建及应用［J］. 辽宁农业科学（6）：12-17.

A Kahn，2014. Green Agriculture Newer Technologies［M］. Jaipur：Agrotech Press.

Aigner D，Lovell C A K，Schmidt P，1977. Formulation and estimation of stochastic frontier production function models［J］. Journal of Econometrics，6（1）：21-37.

Andersen P，Petersen N C，2024. A procedure for ranking efficient units in data envelopment analysis［J］. Management Science，199（39）：1261-1265.

Ball V E，Nehring R，2004. Incorporating Environmental Impacts in the Measurement of Agricultural Productivity Growth［J］. Journal of Agricultural & Resource Economics，29（3）：436-460.

Chames A，Cooper W W，Rhodes E，1978. Measuring the Efficiency of Decision Making Units［J］. European Journal of Operational Research，2（6）：429-444.

Chung Y H，Färe R，Grosskopf S，1997. Productivity and undesirable outputs：A directional distance function approach［J］. Journal of Environmental Management（51）：229-240.

Cooper W W，Seiford L M，Tone K，2007. Data Envelopment Analysis（Second Edition）［M］. Boston：Kluwer Academic Publishers.

Dubey A，Lal R，2009. Carbon Footprint and Sustainability of Agricultural Production Systems in Punjab，India，and Ohio，USA［J］. Journal of Crop Improvement，23（4）：332-350.

Färe R，Grosskopf S，Norris M，et al. 1994. Productivity Growth，Technical Progress，and Efficiency Change in Industrialized Countries［J］. American Economic Review（84）：66-83.

Fare R，Grosskopf S，Lindgren B，et al. 1992. Productivity changes in Swedish pharmacies 1980—1989：A non-parametric Malmquist approach［J］. Journal of Productivity Analysis，199（6）：85-101.

Farrell M J，1957. The Measurement of Productive Efficiency［J］. Journal of Royal Statistical Society?（3）：253-290.

Grilliches Z，1957. An Exploration of the Economics of Technological Change［J］. Econometrics，25.

Hayami Y，Ruttan V，1998. Factor Price and Technical Change in Agricultural

Development: the United States and Japan, 1880—1960 [J]. Joural of Political Economy, 78.

Hoang V N, Coelli T, 2011. Measurement of Agricultural Total Factor Productivity Growth Incorporating Environmental Factors: a Nutrients Balance Approach [J]. Journal of Environmental Economics & Management, 6 (3): 462 – 474.

IPCC, 2022. Climate Change 2022 – Mitigation of Climate Change: Working Group III Contribution to the IPCC Sixth Assessment Report (AR6) [R]. Cambridge: Cambridge University Press.

Kuosmanen T, 2013. Green Productivity in Agriculture: a Critical Syn – thesis [R]. Helsinki: Aalto University Technical Report.

Mathews J, 2012. A: Green Growth Strategies: Korean Initiatives [J]. Futures, 44 (8): 761.

Meeusen W, Broeck J V D, 1977. Efficiency Estimation from Cobb – Douglas Production Functions with Composed Error [J]. International Economic Review, 18 (2): 435 – 444.

Oskam A, 1991. Productivity Measurement, Incorporating Environmental Effects of Agricultural Production [J]. Developments in Agricultural Economics, 7 (2): 186 – 204.

Pastor J T, Lovell C A K, 2005. A global Malmquist productivity index [J]. Economics Letters (88): 266 – 271.

Rezek J P, Richard K, Perrin, 2004. Environmentally Adjusted Agricultural Productivity in the Great Plains [J]. Journal of Agriculture and Resource Economics, 29 (2): 346 – 369.

Tobler W, 1970. A Computer Movie Simulating Urban Growth in the Detroit Region [J]. Economic Geography, 46, 234 – 240.

Tone K, 2001. A slacks – based measure of efficiency in data envelopment analysis [J]. European Journal of Operational Research (130): 498 – 509.

京津冀农业绿色发展
相关政策文件

农业农村部　国家发展改革委　科技部
自然资源部　生态环境部　国家林草局
关于印发《"十四五"全国农业绿色发展规划》的通知

农规发〔2021〕8号

各省、自治区、直辖市农业农村（农牧）、畜牧兽医、渔业厅（局、委），发展改革委，科技厅（局、委），自然资源主管部门，生态环境厅（局），林业和草原主管部门，新疆生产建设兵团农业农村局、发展改革委、科技局、自然资源局、生态环境局、林业和草原局：

为贯彻落实党中央、国务院推进农业绿色发展决策部署，加快农业全面绿色转型，持续改善农村生态环境，农业农村部、国家发展改革委、科技部、自然资源部、生态环境部、国家林草局制定了《"十四五"全国农业绿色发展规划》（以下简称《规划》），现印发你们，请结合实际认真贯彻执行。

推进农业绿色发展是一项系统工程、一项艰巨任务，需要加强协调、密切配合，共同推进《规划》任务落实。要目标同向，聚焦农业绿色发展重点任务，列出清单，细化措施，逐项落实。资源同聚，资金、人才、技术等资源要素要向农业绿色发展的重点领域和重点区域聚集，发挥集合效应，提升农业发展质量。力量同汇，创新推进机制，形成政府引导、市场主导、社会参与的格局。

农业农村部　国家发展改革委　科技部

自然资源部　生态环境部　国家林草局

2021年8月23日

"十四五"全国农业绿色发展规划

推进农业绿色发展是农业发展观的一场深刻革命。党的十八大以来，党中央高度重视生态文明建设，农业绿色发展取得积极进展。但农业面源污染和生态环境治理还处在治存量、遏增量的关口，还需加力推进农业绿色发展。为贯彻落实党中央、国务院决策部署，依据《中华人民共和国国民经济和社会发展第十四个五年规划和2035年远景目标纲要》及"十四五"推进农业农村现代化有关要求，特编制本规划。

第一章 规划背景

"十四五"时期是开启全面建设社会主义现代化国家新征程、向第二个百年奋斗目标进军的第一个五年，是促进经济社会发展全面绿色转型、建设人与自然和谐共生现代化的关键时期，农业发展进入加快推进绿色转型的新阶段。

第一节 重要意义

绿色是农业的底色，良好生态环境是最普惠的民生福祉、农村最大优势和宝贵财富，加快推进农业绿色发展意义重大。

贯彻落实习近平生态文明思想的具体体现。农业绿色发展是生态文明建设的重要组成部分。必须加快贯彻新发展理念，构建节约资源、保护环境的空间格局、产业结构、生产方式、生活方式，推动农业发展与资源环境承载力相匹配、与生产生活生态相协调，为建设生态文明、实现碳达峰碳中和、促进人与自然和谐共生创造良好条件。

满足人民美好生活期盼的迫切要求。人民对美好生活的向往，就是我们的奋斗目标。随着我国经济社会加快发展，人们对绿色优质农产品的消费需求日益增长，对美丽田园风光更加向往。必须深化农业供给侧结构性改革，坚持质量兴农、绿色兴农，加快推进农业由增产导向转向提质导向，更好地满足城乡居民多层次、个性化的消费需求。

全面推进乡村振兴的必然选择。乡村振兴，生态宜居是关键。要推行绿色发展方式和生活方式，加快建立绿色低碳循环农业产业体系，加强农业面源污染治理，推进农业农村减排固碳，改善农村生态环境，让良好生态成为乡村振兴的支撑点，让绿水青山成为农业农村发展的优势和骄傲，为守住绿水青山、建设美丽中国提供重要支撑。

第二节　发展基础

"十三五"以来，农业发展方式加快转变，资源节约型、环境友好型农业加快发展，农业绿色发展取得明显进展。

农业资源保护利用得到加强。耕地保护制度逐步健全，耕地质量稳步提升。农业用水总量得到有效控制，水资源利用效率不断提高，农田灌溉水有效利用系数达到 0.559。

农业面源污染防治成效明显。化肥农药持续减量，连续 4 年实现负增长。农业废弃物资源化利用水平稳步提高，产地环境明显改善。

农产品质量安全水平稳步提高。标准化清洁化生产逐步推行，食用农产品达标合格证制度加快实施，绿色食品、有机农产品和地理标志农产品供给明显增加。

农业绿色发展支撑体系逐步建立。以绿色生态为导向的农业补贴制度不断完善，绿色发展科技创新集成逐步深入，先行先试综合试验平台初步搭建，农业绿色发展正在从试验试点转向面上推进。

第三节　面临挑战

我国农业绿色发展仍处于起步阶段，还面临不少困难和挑战。

贯彻绿色发展理念还不深入。对生态优先、绿色发展的重要性认识不足，发展农业生产与保护生态环境对立的问题仍然存在，农业生产还没有从单纯追求产量真正转向数量质量并重上来。

农业生产方式仍然较粗放。农业主要依靠资源消耗的粗放经营方式仍未根本改变，耕地用养结合还不充分，土壤退化和污染问题仍然突出，绿色技术集成创新不够。

绿色优质农产品供给还不足。农产品多而不优，品牌杂而不亮，绿色标准体系还不健全，全产业链绿色转型任务繁重，还不适应消费结构升级的需要。

绿色发展激励约束机制尚未健全。绿色生态的政策激励机制还不完善，与农业绿色发展相适应的法律法规和监督考核机制还不健全，生态产品价值实现机制尚未形成。

第四节　发展机遇

展望"十四五"，生态优先、绿色发展将成为全党全社会的共识，绿色生产生活方式加快形成，美丽中国建设扎实推进，为农业绿色发展带来难得机遇。

政策环境不断优化。"三农"工作重心转向全面推进乡村振兴、加快农业农村现代化，将更多资源要素向农村生态文明建设聚集，把碳达峰、碳中和纳入生态文明建设整体布局，以绿色为导向的农业支持保障体系更加健全，将为推进农业绿色发展提供有力支撑。

市场空间不断拓展。国内超大规模市场优势逐步显现，优质优价的市场机制更加健全，绿色优质农产品消费需求不断扩大，绿色生态建设投资带动效应不断释放，将为推进农业绿色发展提供广阔的市场空间。

科技革命不断演进。以生物技术和信息技术为特征的新一轮农业科技革命深入发展，农业绿色发展的核心关键技术有望逐步破解，不同区域、不同类型绿色发展技术模式集成推广，将为推进农业绿色发展提供强大的动力。

主体带动不断强化。绿色生产技术在家庭农场、农民合作社等新型经营主体广泛应用，面向小农户的专业化社会化服务加快发展，绿色品种、技术、装备和投入品逐步走进千家万户，将为推进农业绿色发展创造有利条件。

综上所述，"十四五"时期是加快推进农业绿色发展的重要战略机遇期，必须抓住机遇、创新思路、完善政策、强化支撑，以坚定的决心、务实的举措，推动农业绿色发展取得新的更大突破。

第二章　总体要求

对标基本实现美丽中国建设目标，落实中央碳达峰、碳中和重大战略决策，科学谋划农业绿色发展目标任务，加快农业全面绿色转型升级。

第一节　指导思想

以习近平新时代中国特色社会主义思想为指导，全面贯彻落实党的十九大和十九届二中、三中、四中、五中全会精神，立足新发展阶段、贯彻新发展理念、构建新发展格局，牢固树立和践行"绿水青山就是金山银山"理念，坚持节约资源和保护环境的基本国策，以高质量发展为主题，以深化农业供给侧结构性改革为主线，以构建绿色低碳循环发展的农业产业体系为重点，强化科技集成创新，健全激励约束机制，完善监督管理制度，搭建先行先试平台，推进农业资源利用集约化、投入品减量化、废弃物资源化、产业模式生态化，构建人与自然和谐共生的农业发展新格局，为全面推进乡村振兴、加快农业农村现代化提供坚实支撑。

第二节　基本原则

——**坚持底线思维、保护为先**。落实构建生态功能保障基线、环境质量安全底线、自然资源利用上线的要求，坚持节约优先、保护优先、自然恢复为主，守住农业生态安全边界。

——**坚持政府引导、市场主导**。发挥政府作用，强化政策扶持。更好发挥市场作用，落实生产经营者主体责任，建立健全"保护者受益、使用者付费、破坏者赔偿"的利益导向机制，引导农民、企业和社会力量参与农业绿色发展。

——**坚持创新驱动、依法治理**。强化科技创新在农业绿色发展中的重要支撑作用，加大制度供给，依法保护资源、治理环境，构建创新驱动与法治保障相得益彰的农业绿色发展支撑体系。

——**坚持系统观念、统筹推进。**实施山水林田湖草沙系统治理，正确处理农业绿色发展和资源安全、粮食安全、农民增收的关系，实现保供给、保收入、保生态的协调统一。

第三节　发展目标

到 2025 年，农业绿色发展全面推进，制度体系和工作机制基本健全，科技支撑和政策保障更加有力，农村生产生活方式绿色转型取得明显进展。

——**资源利用水平明显提高。**耕地、水等农业资源得到有效保护、利用效率显著提高，退化耕地治理取得明显进展，以资源环境承载力为基准的农业生产制度初步建立。

——**产地环境质量明显好转。**化肥、农药使用量持续减少，农业废弃物资源化利用水平明显提高，农业面源污染得到有效遏制。

——**农业生态系统明显改善。**耕地生态得到恢复，生物多样性得到有效保护，农田生态系统更加稳定，森林、草原、湿地等生态功能不断增强。

——**绿色产品供给明显增加。**农业标准化清洁化生产加快推行，农产品质量安全水平和品牌农产品占比明显提升，农业生态服务功能大幅提高。

——**减排固碳能力明显增强。**主要农产品温室气体排放强度大幅降低，农业减排固碳和应对气候变化能力不断增强，农业用能效率有效提升。

到 2035 年，农业绿色发展取得显著成效，农村生态环境根本好转，绿色生产生活方式广泛形成，农业生产与资源环境承载力基本匹配，生产生活生态相协调的农业发展格局基本建立，美丽宜人、业兴人和的社会主义新乡村基本建成。

第三章　加强农业资源保护利用 提升可持续发展能力

节约资源是保护生态环境的根本之策。树立节约集约循环利用的资源观，推动资源利用方式根本转变，加强全过程节约管理，降低农业资源利用强度，促进农业资源永续利用。

第一节 加强耕地保护与质量建设

严守 18 亿亩耕地红线。落实最严格的耕地保护制度，牢牢守住耕地红线和永久基本农田保护面积，实施质量优先序下的耕地结构性保护。严禁违规占用耕地造林绿化、挖湖造景、挖塘养鱼，严格控制非农建设占用耕地，坚决遏制耕地"非农化"、防止"非粮化"。巩固永久基本农田划定成果，建立健全永久基本农田特殊保护制度。加强和改进耕地占补平衡管理，严格控制新增建设占用耕地，严格新增耕地核实认定和监管，杜绝占优补劣、占水田补旱地，对新增建设用地确需占用稳定耕地的，按数量、质量、生态"三位一体"的要求实现占补平衡，保证耕地面积不减少。管控西北内陆、沿海滩涂等区域开垦耕地行为，禁止毁林毁草开垦耕地。

加强耕地质量建设。实施新一轮高标准农田建设规划，开展土地平整、土壤改良、灌溉排水等工程建设，配套建设实用易行的计量设施，到 2025 年累计建成高标准农田 10.75 亿亩，并结合实际加快改造提升已建高标准农田。实施耕地保护与质量提升行动计划，开展秸秆还田，增施有机肥，种植绿肥还田，增加土壤有机质，提升土壤肥力。建立健全国家耕地质量监测网络，科学布局监测站点。开展耕地质量调查评价。

加强东北黑土地保护。实施国家黑土地保护工程，推进工程措施和农艺措施相结合，有效遏制黑土地"变薄、变瘦、变硬"退化趋势。**推进土壤侵蚀防治，**治理坡耕地防治土壤水蚀，建设农田防护体系防治土壤风蚀，治理侵蚀沟修复保护耕地。**建设完善农田基础设施，**完善农田灌排体系，加强田块整治，建设田间道路。**培育肥沃耕作层，**实行保护性耕作，增施有机肥，推行种养结合、粮豆轮作。**开展耕地质量监测评价，**实施长期定位监测和遥感监测，开展实施效果评价。到 2025 年实施黑土地保护利用面积 1 亿亩。**实施黑土地保护性耕作行动计划，**推广秸秆覆盖还田免

（少）耕播种技术，有效减轻土壤风蚀水蚀，防治农田扬尘和秸秆焚烧，增加土壤肥力和保墒抗旱能力，2025 年实施面积达到 1.4 亿亩。

加强退化耕地治理。坚持分类分区治理，集成推广土壤改良、地力培肥、治理修复等技术，有序推进退化耕地治理。在长江中下游、西南地区、华南地区等南方粮食主产区集成推广施用土壤调理剂、绿肥还田等技术模式，逐步实现酸化耕地降酸改良。在西北灌溉区、滨海灌溉区和松嫩平原西部等盐碱集中地区集成示范施用土壤调理剂、耕作压盐等技术模式，逐步实现盐碱耕地压盐改良。"十四五"期间累计治理酸化、盐碱化耕地 1 400 万亩。

第二节　提高农业用水效率

顺天发展旱作农业。我国水资源时空分布不均匀，旱作农业是重要农业生产方式。**发展雨养农业，**在华北和东北西部地区，充分利用天然降水，做到雨热同季，减少灌溉用水。**发展集雨补灌农业，**在西北干旱缺水地区，因地制宜建设集雨补灌设施，推广全膜双垄沟播集雨种植技术，提高天然降水利用率。**发展聚水保土农业，**在西北和内蒙古中西部风蚀沙化严重地区，推广生物篱柔性防风、带状留茬间作和田间集雨节水技术，降低水土流失。**推进农牧结合，**在华北北部、西北等农牧交错区推行种养循环、农牧结合，建设人工饲草料基地，发展草食畜牧业。

集成推广节水技术。推进农艺节水，推广水肥一体及喷灌、滴灌等农业节水技术，提高水资源利用效率。**推进品种节水，**以华北、西北等缺水地区为重点，选育推广一批节水抗旱的小麦、玉米品种，增强抗旱保产能力。**推进工程节水，**以粮食主产区、严重缺水区和生态脆弱地区为重点，加强渠道防渗、低压管道输水灌溉、喷灌、微灌等节水设施建设，"十四五"期间新增高效节水灌溉面积 6 000 万亩。**推进重点区域农业节水，**在华北、西北等地下水超采区，禁止农业新增取用地下水，适度退减灌溉面积。调整农作物种植结构，适度调减高耗水作物，推动水资源超载和临界超载地区农业结构调整。禁止开采深层地下水用于农业灌溉。推动东北寒地井灌稻地区地表水、界河水替代地下水。

加强农业用水管理。 强化水资源刚性约束，坚持以水定地、量水而行。落实最严格水资源管理制度，严格灌溉取水计划管理，实施用水总量控制和定额管理，明确区域农业用水总量指标。加快大中型灌区续建配套和现代化改造，同步建设用水计量设施。加强农户用水管理，完善主要农作物灌溉用水定额，指导科学灌溉，提高农民节水意识。强化农业取水许可管理，严格控制地下水利用。推进农田水利设施产权制度改革，明确工程产权和管护主体，建立长效管护机制。

第三节　保护农业生物资源

加强农业物种资源保护。 完成第三次全国农作物种质资源、畜禽遗传资源普查和第一次水产养殖种质资源普查，抢救性收集一批珍稀、濒危、特有资源和地方品种。加强国家农作物、畜禽、淡水渔业、海洋渔业、微生物和草业种质资源库建设，建设一批种质资源库（场、区、圃），完善资源保存、鉴定、共享等基础设施。加强农业野生植物保护，对现有野生植物原生境保护区（点）进行梳理调整和归类。

加强水生生物资源保护。 在重点水域持续开展水生生物增殖放流，加强苗种供应基地建设，适当增加珍稀濒危物种放流数量。推进河流鱼类洄游生物通道建设。严格执行重点河流禁渔期制度，开展"中国渔政亮剑"系列专项执法行动。实施珍稀濒危水生生物拯救行动计划，开展重点物种关键栖息地修复和就地迁地保护。严格执行海洋伏季休渔制度，全面开展限额捕捞试点，推进实施海洋渔业资源总量管理。推进海洋牧场建设，创建国家级海洋牧场示范区。

加强外来入侵物种防控。 开展外来入侵物种普查和监测预警，在边境地区和主要入境口岸、粮食主产区、自然保护地、大型交通主干道等重点区域，布设外来物种入侵监测站（点）。实行外来物种分级分类管理，依法严格外来物种引种审批，强化物种引入后管控。加强外来入侵物种阻截防控，在关键区域布设阻截带，遏制草地贪夜蛾、松材线虫病等重大危害入侵物种扩散蔓延。加大综合治理力度，建设生物天敌繁育基地，加强生物防治和生物替代，开展集中应急灭除。

第四章 加强农业面源污染防治 提升产地环境保护水平

牢固树立保护环境就是保护生产力、改善环境就是发展生产力的理念，加快推行绿色生产方式，科学使用农业投入品，循环利用农业废弃物，有效遏制农业面源污染。

第一节 推进化肥农药减量增效

推进化肥减量增效。技术集成驱动，以化肥减量增效为重点，集成推广科学施肥技术。在粮食主产区、园艺作物优势产区和设施蔬菜集中产区，推广机械施肥、种肥同播等措施，示范推广缓释肥、水溶肥等新型肥料，改进施肥方式。**有机肥替代推动**，以果菜茶优势区为重点推动粪肥还田利用，减少化肥用量，增加优质绿色产品供给。引导地方加大投入，在更大范围推进有机肥替代化肥。**新型经营主体带动**，培育扶持一批专业化服务组织，开展肥料统配统施社会化服务。鼓励农企合作推进测土配方施肥。

推进农药减量增效。推行统防统治，扶持一批病虫防治专业化服务组织，开展统防统治，带动群防群治，提高防治效果。**推行绿色防控**，在园艺作物重点区域，集成推广生物防治、物理防治等绿色防控技术，引导创建绿色生产基地，培育绿色品牌，带动更大范围绿色防控技术推广。**推广新型高效植保机械**，支持创制推广喷杆喷雾机、植保无人机等先进的高效植保机械，提高农药利用率。**推进科学用药**，开展农药使用安全风险评估，推广应用高效低毒低残留新型农药，逐步淘汰高毒、高风险农药。构建农作物病虫害监测预警体系，建设一批智能化、自动化田间监测网点，提高重大病虫疫情监测预警水平。

第二节 促进畜禽粪污和秸秆资源化利用

推进养殖废弃物资源化利用。健全畜禽养殖废弃物资源化利用制度，严格落实畜禽养殖污染防治要求，完善绩效评价考核制度和畜禽养殖污染监管制度，加快构建畜禽粪污资源化利用市场化机制，促进种养结合，推动畜禽粪污处理设施可持续运行。**加强畜禽粪污资源化利用能力建设。**建立畜禽粪污收集、处理、利用信息化管理系统，持续开展畜禽粪污资源化利用整县推进，建设粪肥还田利用种养结合基地，培育发展畜禽粪污能源化利用产业。**推进绿色种养循环，**探索建立粪肥运输、使用激励机制，培育粪肥还田社会化服务组织，推行畜禽粪肥低成本、机械化、就地就近还田。**减少养殖污染排放，**"十四五"期间京津冀及周边地区大型规模化养殖场氨排放总量削减5%，推进水产健康养殖，减少养殖尾水排放。鼓励因地制宜制定地方水产养殖尾水排放标准。

推进秸秆综合利用。促进秸秆肥料化，集成推广秸秆还田技术，改造提升秸秆机械化还田装备。在东北平原、华北平原、长江中下游地区等粮食主产区，系统性推进秸秆粉碎还田。**促进秸秆饲料化，**鼓励养殖场和饲料企业利用秸秆发展优质饲料，将畜禽粪污无害化处理后还田，实现过腹还田、变废为宝。**促进秸秆燃料化，**有序发展以秸秆为原料的生物质能，因地制宜发展秸秆固化、生物炭等燃料化产业，逐步改善农村能源结构。推进粮食烘干、大棚保温等农用散煤清洁能源替代，2025年大气污染防治重点区域基本完成。**促进秸秆基料化和原料化，**发展食用菌生产等秸秆基料，引导开发人造板材、包装材料等秸秆原料产品，提升秸秆附加值。培育秸秆收储运服务主体，建设秸秆收储场（站、中心），构建秸秆收储和供应网络。建立健全秸秆资源台账，强化数据共享应用。严格禁烧管控，防止秸秆焚烧带来区域性大气污染。

第三节　加强白色污染治理

推进农膜回收利用。落实严格的农膜管理制度，加强农膜生产、销售、使用、回收、再利用等环节管理。**推广普及标准地膜，**开展地膜覆盖技术适宜性评估，因地制宜调减作物覆膜面积。强化市场监管，禁止企业生产、采购、销售不符合国家强制性标准的地膜。积极探索推广环境友好生物可降解地膜。**促进废旧地膜加工再利用，**培育专业化农膜回收主体，发展废旧地膜机械化捡拾，建设农膜储存加工场点。**建立健全农膜回收利**

用机制，在西北地区支持一批用膜大县整县推进农膜回收，加强长江经济带农膜回收利用，健全回收网络体系。开展区域农膜回收补贴制度试点，探索建立地膜生产者责任延伸制度。建立健全农田地膜残留监测点，开展常态化、制度化监测评估。

推进包装废弃物回收处置。严格农药包装废弃物管理，按照"谁生产、经营，谁回收"的原则，建立农药生产者、经营者包装废弃物回收处置责任。鼓励采取押金制、有偿回收等措施，引导农药使用者交回农药包装废弃物。以农资经销店为依托合理布局回收站点，完善农药包装废弃物回收体系，推进农药包装废弃物资源化利用和无害化处置。加强农药包装废弃物回收处理活动环境污染防治的监管。**合理处置肥料包装废弃物**，对有再利用价值的肥料包装废弃物进行再利用，促进包装废弃物减量。无利用价值的纳入农村生活垃圾处理体系集中处理。

第五章　加强农业生态保护修复　提升生态涵养功能

树立尊重自然、顺应自然、保护自然的生态文明理念，按照生态系统的整体性、系统性及其内在规律，统筹推进山水林田湖草沙系统治理，保护修复农业生态系统，增强生态系统循环能力，提升农业生态产品价值。

第一节　治理修复耕地生态

健全耕地轮作休耕制度。推动用地与养地相结合，集成推广绿色生产、综合治理技术模式。坚持轮作为主、休耕为辅，在确保国家粮食安全前提下，调整优化耕地轮作休耕规模和范围，在东北地区、黄淮海和长江流域等开展轮作，在地下水超采区、生态严重退化区等开展休耕，促进耕地休养生息和可持续发展。

实施污染耕地治理。开展土壤污染状况调查，优化土壤环境质量监测网络，摸清底数，建立台账，长期监测。**实施耕地土壤环境质量分类管理**，建立完善优先保护类、安全利用类和严格管控类耕地管理清单。**分类分区开展污染耕地治理**，对轻中度污染耕地采取农艺措施治理修复，加大安全利用技术推广力度；对重度污染耕地实行严格管控，开展种植结构调整、耕地休耕试点。在土壤污染面积较大的 100 个县推进农用地安全利用技术示范。巩固提升受污染耕地安全利用水平，到 2025 年受污染耕地安全利用率达到 93％左右。

第二节　保护修复农业生态系统

建设田园生态系统。建设农田生态廊道，营造复合型、生态型农田林网，恢复田间生物群落和生态链，增加农田生物多样性。**发挥稻田生态涵养功能**，稳定水稻种植面积，在大城市周边建设一批稻田人工湿地，推广稻渔生态种养模式。**优化乡村功能**，合理布局种植、养殖、居住等，推进河湖水系连通和生态修复，增加湿地、堰塘等生态水量，增强田园生态系统的稳定性和可持续性。

保护修复森林草原生态。开展大规模国土绿化行动，持续加强林草生态系统修复，增加林草资源总量，提高林草资源质量，加强农田防护林保护。**修复重要生态系统**，宜乔则乔、宜灌则灌、宜草则草，因地制宜、规范有序推进青藏高原生态屏障区、黄河重点生态区等重点区域生态保护和修复重大工程建设。**坚持基本草原保护制度，**完善草原家庭承包责任制度，加快建立全民所有草原资源有偿使用和所有权委托代理制度。对严重退化、沙化、盐碱化的草原和生态脆弱区的草原实行禁牧，对禁牧区以外的草原实行季节性休牧，因地制宜开展划区轮牧，促进草畜平衡。

开发农业生态价值。落实 2030 年前力争实现碳达峰的要求，推动农业固碳减排，强化森林、草原、农田、土壤固碳功能，研发种养业生产过程温室气体减排技术，开发工厂化农业、农渔机械、屠宰加工及储存运输节能设备，创新农业废弃物资源化、能源化利用技术体系，开展减排固碳能源替代示范，提升农业生产适应气候变化能力。在严格保护生态环境的前提下，挖掘自然风貌、人文环境、乡土文化等价值，开发休闲观光、农事体验、生态康养等多种功能。实施优秀农耕文化保护与传承示范工程，发掘农业文化遗产价值，保护传统村落、传统民居。

第三节　加强重点流域生态保护

推动长江经济带农业生态修复。实施长江"十年禁渔"，推进沿江渔政执法能力建设，加强执法监督和市场监管，开展非法捕捞专项整治。巩固退捕渔民安置保障成果，全面落实好退捕渔民社会保障政策，提高转产就业的稳定性。启动长江水生生物多样性保护工程，开展水生生物栖息地修复、人工迁地繁育和增殖放流，实施中华鲟、长江鲟、长江江豚等珍稀濒危物种拯救行动计划，推动长江水生生物恢复性增长。健全长江水生生物资源与栖息地监测网络，建立实施长江水生生物完整性评价指标体系，科学评估长江禁渔效果。持续开展长江经济带农业面源污染防治，减少农业污染物排放，有效解决农业面源污染突出问题。

加强黄河流域农业生态保护。 将水资源作为最大的刚性约束，严格落实以水定地要求，统筹推进地下水超采综合治理。推进农业深度节水控水，因水施种，因地制宜调整种植结构，发展节水农业、旱作农业。加强上游重点生态系统保护和修复力度，通过禁牧休牧、划区轮牧以及发展生态、休闲、观光牧业等手段，引导农牧民调整生产生活方式。创新中游黄土高原水土流失治理模式，积极开展小流域综合治理、旱作梯田、淤地坝建设。加强下游滩区生态综合整治，构建滩河林田草综合生态空间。以引黄灌区为重点开展盐碱化耕地改造，加强汾渭平原、河套灌区等区域农业面源污染治理。落实黄河禁渔期制度，持续开展水生生物增殖放流，修复黄河水生生态系统。

第六章 打造绿色低碳农业产业链 提升农业质量效益和竞争力

推动农业绿色发展、低碳发展、循环发展，全产业链拓展农业绿色发展空间，推动形成节约适度、绿色低碳的生产生活方式，坚定不移走绿色低碳循环发展之路。

第一节 构建农业绿色供应链

推进农产品加工业绿色转型。 坚持加工减损、梯次利用、循环发展方向，统筹发展农产品初加工、精深加工和副产物加工利用。促进农产品商品化处理，改善田头预冷、仓储保鲜、原料处理、分组分割、烘干分级等设施装备条件，减少产后损失。加快绿色高效、节能低碳的农产品精深加工技术集成应用，生产开发营养安全、方便实惠的食用农产品。集中建立农产品加工副产物收集、运输和处理设施，采取先进提取、分离与制备技术，加强农产品加工副产物综合利用，开发新能源、新材料、新产品。

建立健全绿色流通体系。发展农产品绿色低碳运输，以全链条、快速化为导向，建设水陆空一体、便捷顺畅、配送高效的多元联运网络。加快建设覆盖农业主产区和消费地的冷链物流基础设施，健全农产品冷链物流服务体系。**加快农产品批发市场改造提升**，配套分拣加工、冷藏冷冻、检验检疫和废弃物处理设施，加强市场数字化信息体系建设，推动农产品供应链可追溯。**推广农产品绿色电商模式**，创新农产品冷链共同配送、生鲜电商＋冷链宅配、中央厨房＋食材冷链配送等经营模式，实现市场需求与冷链资源高效匹配对接，降低流通成本及资源损耗。

促进绿色农产品消费。健全绿色农产品标准体系，加强绿色食品、有机农产品、地理标志农产品认证管理，深入推进食用农产品达标合格证制度试行，进一步推广运用农产品追溯体系，提高绿色农产品的市场认可度。推动批发市场、超市、电商设立绿色农产品销售专区专馆专柜，引导企业和居民采购消费绿色农产品。倡导绿色低碳生活方式，开展农产品过度包装治理，坚决制止餐饮浪费行为。

第二节　推进产业集聚循环发展

促进产业融合发展。以绿色为导向，推动农业与食品加工业、生产服务业和信息技术融合发展，建设一批绿色农业产业园区、产业强镇、产业集群，带动农村一二三产业绿色升级。**推进要素集聚**，统筹产地、销区和园区布局，引导资本、科技、人才、土地等要素向农产品主产区、中心乡镇和物流节点、重点专业村聚集，促进产业格局由分散向集中、发展方式由粗放向集约、产业链条由单一向复合转变。**推进企业集中**，促进农产品加工与企业对接，引导大型农业企业重心下沉，向农产品加工园区集中，再造流通体系，降低交易成本，促进生产与加工、产品与市场、企业与农户协调发展。**推进功能集合**，合理布局种养、加工等功能，完善绿色加工物流、清洁能源供应、废弃物资源利用等基础设施，打造绿色产业链供应链，推动形成功能齐全、布局合理的绿色发展格局。

推动低碳循环发展。推动企业循环式生产、产业循环式组合，加快培育产业链融合共生、资源能源高效利用的绿色低碳循环产业体系，形成新的经济增长源。**发展生态循环农业，**合理选择农业循环经济发展模式，推动多种形式的产业循环链接和集成发展，促进农业废弃物资源化、产业化、高值化利用，发展林业循环经济，加快建立植物生产、动物转化、微生物还原的种养循环体系，打造一批生态农场样板。**推动农业园区低碳循环，**推动现代农业产业园区和产业集群循环化改造，建设一批具有引领作用的循环经济园区和基地，完善园区循环农业产业链条，实现资源循环利用、废弃物集中安全处置、垃圾污水减量排放，形成种养加销一体、农林牧渔结合、一二三产业联动发展的现代复合型循环经济产业体系。

第三节　实施农业生产"三品一标"行动

深入推进农业供给侧结构性改革，推进品种培优、品质提升、品牌打造和标准化生产，提升农产品绿色化、优质化、特色化和品牌化水平。

推进品种培优。发掘优异种质资源，筛选一批绿色安全、优质高效的种质资源。启动重点种源关键核心技术攻关和农业生物育种重大科技项目，落实新一轮畜禽水产遗传改良计划，自主培育一批突破性绿色品种。加强良种繁育基地建设，加快推进南繁硅谷和甘肃玉米、四川水稻、黑龙江大豆等国家级育制种基地建设，在适宜地区建设一批作物和畜禽水产良种繁育基地。

推进品质提升。推广强筋弱筋优质小麦、高蛋白高油玉米、优质粳稻籼稻、高油高蛋白大豆等良种，提升粮食营养和品质。推广一批生猪、奶牛、禽类、水产和优质晚熟柑橘、特色茶叶、优质蔬菜、道地中药材等良种，提升"菜篮子"产品质量。集成推广绿色生产技术模式，净化农业产地环境，推广绿色投入品，促进优质农产品生产。构建农产品品质评价标准体系，分行业分品种筛选农产品品质核心指标，推动农产品分等分级和包装标识。

推进农业品牌建设。构建农业品牌体系，建立品牌标准体系，打造一批地域特色突出、产品特性鲜明的区域公用品牌，鼓励龙头企业打造知名度高、竞争力强的企业品牌，培育一批"大而优""小而美"的农产品品牌。**完善品牌发展机制**，健全农业品牌目录制度，实行动态管理，强化农业品牌监管。**开展品牌宣传推介活动**，挖掘和丰富农业品牌文化内涵，讲好农业品牌故事，增强农业品牌知名度、美誉度和影响力。

推进标准化生产。建立全产业链农业绿色发展标准体系，加快产地环境、投入品管控、农兽药残留、产品加工、储运保鲜、分等分级关键环节标准制修订。**开展全产业链标准化试点**，建设现代农业全产业链标准化基地，培育一批农业企业标准"领跑者"。**实施农业标准化提升计划**，推动新型农业经营主体按标生产，发挥示范推广作用，带动农业大规模标准化生产。

第七章　健全绿色技术创新体系 强化农业绿色发展科技支撑

深入实施创新驱动发展战略，加快农业绿色发展科技自主创新，构建农业绿色发展技术体系，推进要素投入精准减量、生产技术集约高效、产业模式生态循环、设施装备配套齐全，推动农业科技绿色转型。

第一节　推进农业绿色科技创新

推进绿色技术集成创新。加强绿色科技基础研究，深化农业绿色发展基础理论研究，加快突破一批重大理论和工具方法，加强科研基础设施、资源生态监测系统等建设，强化长期性、稳定性、基础性支撑。**开展关键技术攻关**，围绕农业深度节水、精准施肥用药、重金属及面源污染治理、退化耕地修复等，组织科研和技术推广单位开展联合攻关，攻克一批关键核心技术，研发一批绿色投入品。**推进技术集成创新**，熟化核心技术，推动农业生产数字化、智能化与绿色化改造，组装集成一批不同品种、不同区域的绿色技术，建立农业绿色发展技术体系。

加快绿色农机装备创制。按照智能、系统集成理念，推动农机装备向模式化、智能化转变。**完善绿色农机装备创新体系**，瞄准农业绿色发展机械化需求，以企业为主体、市场为导向，促进产学研推用深度融合。**推动**

农机装备研发升级，鼓励农机装备企业攻克关键核心技术、基础材料及制造工艺等短板，推动高效节能农用发动机、高速精量排种器、喷雾机喷嘴等重要零部件研发制造，深化北斗系统在农业生产中的推广应用，加快产业化步伐，推动传统农机装备向绿色、高效、智能、复式方向升级。**加快绿色高效技术装备示范推广**，稳定实施农机购置补贴政策，将更多支持农业绿色发展机具、智能装备纳入补贴范围，加快绿色机械应用推广。加强绿色农机标准制定，推进农业机械排放标准升级，加快淘汰耗能高、污染重、安全性能低的老旧农机装备。

建设农业绿色技术创新载体。推进农业绿色技术创新平台建设，布局一批国家级、省部级（重点）实验室、农业科学观测实验站，组织现代农业产业技术体系开展绿色技术创新。**引导大型农业企业集团搭建绿色技术创新平台**，建立绿色技术创新中心，参与承担国家重大科技专项、国家重点研发计划等。**加快农业绿色发展科技创新联盟发展**，集聚科研院校、涉农企业、社会团体等各类创新主体力量，开展产学研企联合攻关，加快突破农业绿色发展技术瓶颈。

第二节　加快绿色适用技术推广应用

推进绿色科技成果转化。建立健全农业科技成果评估制度，组织开展农业绿色科技成果第三方评估，重点推进知识产权评议、成果价值评估、技术风险评价等。**建立农业绿色科技成果转化平台**，支持农业科研院校建立技术转移中心、成果孵化平台、创新创业基地等。定期公布科技成果和相关知识产权信息，采取研发合作、技术转让、技术许可、作价投资等形式，推动科技成果与绿色产业有效对接。**建立绿色发展科技成果转化激励制度**，强化股权和分红激励政策，推动绿色科技成果向生产领域转化。

推进绿色技术先行先试。开展绿色技术应用试验，以国家农业绿色发展试点先行区为重点，探索不同生态类型、不同主导品种的农业绿色发展典型模式。**开展农业绿色发展综合试点**，选择一批新型农业经营主体，探索节肥节药、废弃物循环利用市场化运行机制。**开展农业绿色发展长期固定观测**，布局建设一批观测试验站，完善观测技术装备条件。搭建国家农业绿色发展观测数据平台，开展观测数据分析评价。推进重要农业资源台账建设，摸清农业资源底数。**开展国家农业农村绿色发展监测预警**，优化监测点位布局，建立健全农业农村绿色发展全过程监测预警体系，持续实施产地土壤环境、农田氮磷流失、农田地膜残留等监测。

引导小农户应用绿色技术。 开展绿色生产技术示范，加强主体培育、科技服务、技术培训、社会化服务，提升小农户生产绿色化水平。**实施科技服务小农户行动**，建立健全农业科技社会化服务体系，支持小农户运用优良品种、绿色技术、节能农机等发展智慧农业、循环农业等现代农业。**实施小农户能力提升工程**，采取农民夜校、田间学校等形式，开展绿色技术培训，支持小农户开展联户经营、联耕联种，接受统耕统收、统配统施、统防统治等社会化服务，降低生产经营成本。鼓励有长期稳定务农意愿的小农户稳步扩大规模，采用绿色农业技术，开展标准化生产。

第三节　加强绿色人才队伍建设

健全基层农技推广服务体系。 推动基层农技推广机构建设，保障必需的试验示范条件和技术服务设备设施，加强绿色增产、生态环保、质量安全等领域重大关键技术示范推广。支持基层农技推广人员进入家庭农场、合作社和农业企业，为小农户和新型农业经营主体提供全程化、精准化和个性化绿色生产技术服务。创新农技推广机构管理机制，将绿色技术、数字技术推广服务成效纳入责任绩效考评指标体系。

培育新型农业经营主体。 充分发挥新型农业经营主体对市场反应灵敏、对绿色新品种新技术新装备采用能力强的优势，积极培育和壮大新型经营主体。支持发展家庭农场和农民合作社，培育农业产业化龙头企业和联合体。引导新型农业经营主体发展绿色农业、生态农业、循环农业，推进生态农场建设，率先运用绿色生产技术，开展标准化生产，提高绿色技术示范应用水平。鼓励广大科技特派员在农业绿色发展领域创新创业。支持新型农业经营主体带动普通农户发展绿色种养，提供专业化全程化绿色技术服务。

培养绿色技术推广人才。 创新绿色技术推广人才培养模式，加快培养农业绿色生产高素质应用型人才。培养新型农业经营主体带头人，增加农业绿色生产技能培训课程，强化绿色发展理论教学和实践操作。加强农村实用人才培养，依托高素质农民培育计划，加大绿色技术培训力度，提高绿色生产技术水平。发挥高等院校、科研单位作用，增设农业绿色发展专业，在生产一线建立科技小院、实习基地，指导科研人才参与绿色技术推广。

第八章　健全体制机制　增强农业绿色发展动能

以改革创新为动力，建立农业绿色发展的目标责任、考核制度、奖惩机制，强化制度约束，完善市场机制，引导社会参与，加快推动农业发展由数量导向转向提质导向，切实改变农业过度依赖资源消耗的发展模式。

第一节　完善法律法规约束机制

健全法律法规体系。推进农业绿色发展领域立法，推动制修订渔业法、畜牧法、农产品质量安全法、进出境动植物检疫法、植物新品种保护条例、基本农田保护条例等法律法规。**强化重点区域农业绿色发展法制保障，**完善长江保护规章制度，研究起草《长江水生生物保护管理规定》，推动将黄河流域农业生态保护等纳入相关法律法规。**开展配套规章建设，**研究制修订农作物病虫害防治、外来入侵物种管理等规章。健全重大环境事件和污染事故责任追究制度及损害赔偿制度，提高惩罚标准和违法成本。

加大执法力度。强化重点领域执法，严格执行农业资源环境保护、农产品质量安全、农业投入品生产使用等领域法律法规，持续实施农产品质量安全"治违禁控药残促提升"、长江禁渔、海洋伏季休渔等专项执法行动，加大破坏农业资源环境等违法案件查处力度。**提升农业绿色发展执法能力，**推进农业综合行政执法，加强执法设施装备建设。推动行政执法机关与司法机关、监察机关的工作衔接配合。

第二节　健全政府投入激励机制

完善农业资源环境保护政策。优化耕地地力保护补贴，探索推进补贴发放与耕地地力保护行为相挂钩，引导农民秸秆还田、科学施肥用药。**引导农业投入品减量增效**，支持重点作物绿色高质高效生产，开展化肥农药减量增效示范。**推进废弃物资源化利用**，支持在畜牧养殖大县、粮食和蔬菜主产区、生态保护重点区域开展绿色种养循环农业试点，整县推进粪肥就地消纳、就近还田。全面实施秸秆综合利用行动，实行整县集中推进。加快建立地膜使用和回收利用机制，支持有条件的地区开展全生物可降解地膜和机械化回收农膜。

健全生态保护补偿机制。支持开展退化耕地治理，继续实施耕地轮作休耕制度。完善退耕还林还草政策，巩固工程建设成果。继续实施第三轮草原生态保护补助奖励政策，促进草原生态保护和草原畜牧业发展。实施新一轮渔业发展补助政策，强化渔业资源环境养护，促进渔业绿色循环发展。

建立多渠道投入机制。完善财政激励政策，加大公共财政对农业绿色发展支持力度，推动财政资金支持由生产领域向生产生态并重转变。将符合条件的农业绿色发展项目纳入地方政府债券支持范围。**创新绿色金融政策，**丰富完善信贷、保险、基金等绿色金融产品体系，探索建立农业生态补偿等质押融资贷款。完善农业绿色信贷增信机制，鼓励金融机构向绿色有机、低碳循环农业生产企业提供融资支持，适度扩大农业绿色发展金融投入规模。鼓励地方创新优质特色农产品保险产品和服务。**引导社会投入，**鼓励企业利用外资、发行企业债券等方式，实施一批政府和社会资本合作项目，扩大农业绿色发展社会投资。

第三节　建立市场价格调节机制

健全绿色价格机制。进一步完善和落实农业资源有偿使用制度，完善资源及其产品价格形成机制，推动农业资源保护与节约利用。深入推进农业水价综合改革，健全农业水价形成机制，配套建立精准补贴和节水奖励机制，用价格杠杆引导农民节约用水。

建立绿色产品市场价格实现机制。推进绿色优质农产品优质优价，建立优质农产品评价体系，完善农产品分等分级制度，持续推进农产品品质和营养成分监测，让好产品卖出好价格。**加强绿色优质农产品市场监管，**建立绿色优质农产品产地准出和市场准入制度，严厉打击以假乱真、以次充好等行为，规范市场秩序。加快农产品质量安全信用体系建设，建立农产品生产者、经营者诚信档案，加强信用管理，落实生产经营主体诚信责任。**建立健全生态产品价值实现机制，**探索开展农业生态产品价值评估，健全生态产品经营开发机制。通过原生态种养、精深加工、休闲旅游、品牌打造等模式，拓展提升生态产品价值，协同推进生态产品市场交易与生态保护补偿，实现生态产品价值有效转化。

培育绿色农业交易市场。培育和发展交易市场，健全生态产品市场体系，依托规范的公共资源和产权交易平台，探索开展农业排污权、水权等交易，完善农业生态产品价格形成机制，探索建立初始分配、有偿使用、市场交易、纠纷解决、配套服务等制度。**推进市场化经营性服务，**开展农业生态系统损害监测评价，建立生态环境损害赔偿制度，支持从事农业资源保护、废弃物资源化利用、环境污染治理和绿色生产服务的龙头企业和专业化服务组织制定高效规范的标准体系。

第九章　规划实施

牢固树立和践行"绿水青山就是金山银山"理念，调动各方面资源要素，凝聚全社会力量，完善规划实施保障机制，形成推进农业绿色发展工作合力。

第一节　加强组织领导

落实"推进农业绿色发展是农业发展观的一场深刻革命"的重要指示要求，加强组织领导，建立国家统筹、省负总责、市县抓落实的工作机制。国家层面由农业农村部牵头建立规划协调推进机制，制定规划实施任务清单和工作台账，跟踪督促重点任务落实。各地区各部门结合实际，明确目标任务，细化政策措施，加强资金统筹，推进规划落实。国家农业绿色发展试点先行区要进一步加强组织领导，加快先行先试，为规划落实落地探索新路。

第二节　开展绩效评价

制定农业绿色发展评价指标体系，进一步完善综合评价方法，科学运用统计数据、长期固定观测试验数据和重要农业资源台账等数据资源，开展农业绿色发展效果评价。建立健全规划实施监测评估机制，完善化肥农药使用量、废弃物资源化等调查核算方法，加强数据分析、实地调查、工作调度，对规划实施情况进行跟踪监测，科学评估规划进展情况。强化效果评价结果应用，探索将耕地保护、节约用水、化肥农药减量、养殖投入品规范使用、废弃物资源化利用、长江"十年禁渔"等任务完成情况，纳入领导干部任期生态文明建设责任制、乡村振兴实绩考核范畴。

第三节　加强宣传引导

开展普法宣传，结合宪法宣传周、中国农民丰收节等重要时间节点，开展农业绿色发展法律法规宣传教育，增强农民节约资源、保护环境的法治观念。推介典型案例，宣传可复制可推广农业绿色发展案例，讲好农业绿色发展故事。实施农业绿色发展全民行动，广泛开展绿色低碳生产生活宣传，推动形成厉行节约、反对浪费的绿色生活方式，营造全社会共同推进农业绿色发展的良好氛围。

农业部等八部门联合印发京津冀现代农业协同发展规划

推进京津冀现代农业协同发展，有利于形成特色鲜明、优势互补、市场一体、城乡协同的区域发展新格局，对确保京津冀协同发展战略顺利实现意义重大。经商京津冀协同发展领导小组办公室同意，农业部、发展改革委、工业和信息化部、财政部、交通运输部、商务部、人民银行、银监会八部门近日联合印发《京津冀现代农业协同发展规划（2016—2020年)》。

一、总体思路

（一）**指导思想。**深入贯彻落实党的十八大和十八届三中、四中、五中全会精神，坚持"四个全面"战略布局，牢固树立创新、协调、绿色、开放、共享的发展理念，立足京津冀资源禀赋、产业特色、环境关联、经济差异的现实，以促进京津冀传统农业向现代农业转型升级为目标，以统筹生产保供给、互动协作保安全、联防联控保生态、提质增效促增收为主攻方向，以推进产业、市场、科技、生态、体制机制、城乡协同发展为重点，着力深化改革创新、破除体制机制障碍，着力推动生产要素合理流动与资源高效利用，着力疏解农业产业非首都功能，着力探索一二三产融合发展新方向、协同发展新模式、"四化同步"新路径，提升京津冀现代农业发展的总体水平，使之成为引领全国现代农业发展的示范区，努力形成目标同向、措施一体、优势互补、利益相连的现代农业协同发展新格局，建立以工促农、以城带乡、工农互惠、城乡一体的新型工农城乡关系，为区域一体化发展提供基础支撑。

（二）**发展目标。**到2020年，京津冀现代农业协同发展在产业融合水平、协同创新能力、基础设施建设、农业资源利用效率、协同发展效益五方面取得明显进展。基本实现产业发展互补互促、科技平台共建共享、生态环境联防联控、资源要素对接对流，在经济社会发展中的基础地位更加巩固。其中，京津农业率先基本实现现代化，率先实现"三农"协调发展，率先实现"四化"同步发展；河北农业建设取得重大进展，部分地区、部分行业跨入农业现代化行列，生态屏障功能进一步增强。

二、重点任务

发挥比较优势，推进产业协同。按照稳粮保菜、扩特强果、优牧精渔、加工提质、休闲增收的思路，优化粮食、蔬菜、林果和畜禽产业布局，推进农业标准化、规模化、产业化、绿色化发展。积极发展休闲农业和乡村旅游，推进农业与旅游、教育、养老等产业深度融合。构建服务大都市、互补互促、一二三产业融合发展的现代农业产业结构。**完善流通体系，推进市场协同。**构建集散结合、冷链物流、产销对接、信息畅通、追溯管理的现代农产品市场流通网络。大力实施农业物联网区域试验工程，建设部省纵横联通的农产品市场信息服务平台，加快构建环京津1小时鲜活农产品物流圈。发展农业直营直销和电子商务，引导各类农业生产经营主体与电商企业对接，推进电商企业服务"三农"进程。**创新资源配置，推进科技协同。**构建开放、畅通、共享的科技资源平台，建立工作、项目、投资对接机制，推动综合服务平台互联互通。建设区域农业科技创新联盟（中心），支持鼓励区域内农业科技人才合理流动，探索完善科研成果权益分配激励机制，完善农业科技成果转化和交易信息服务平台，推进三地农业技术市场一体化建设，促进成果共享共用。**加强资源保育，推进生态建设协同。**严格水资源管理红线，实施农业用水量和效率指标控制，在地下水超采区逐步减少超采水量。突出抓好农业重点领域面源污染防治，开展种养结合循环农业试点示范，建设高产高效生态农业示范区和海洋牧场示范区。建立健全生态补偿长效机制，建设国家生态循环农业综合试点县，构建区域生态屏障。**深化农村改革，推进体制机制协同。**支持区域内用 5 年左右时间基本完成农村土地承包经营权确权登记颁证，并与不动产统一登记工作做好衔接。积极推动农户承包土地经营权等农村产权交易流转综合服务与管理平台互联互通，推进农村集体产权股份合作制改革试点。研究辐射京津冀三地的农村信贷担保体系。开展农村土地征收、集体经营性建设用地入市、宅基地制度改革试点。**建设美丽乡村，推进城乡协同。**同步推进三地城乡基础设施建设，加大公共财政向农村基础设施的倾斜力度，加快打造美丽宜居的新家园。统筹发展农村基层综合公共服务平台，推进教育、文化、卫生、警务等公共服务设施的共建共享和综合利用。在适宜乡村建设生产体验、民俗展示、文化创意、旅游接待等综合设施，传承农耕文化。

三、发展布局

立足京津冀资源禀赋、环境承载能力和农业发展基础，按照核心带动、梯次推进、融合发展的思路，将京津冀三地农业发展划分为"两区"，即都市现代农业区和高产高效生态农业区。

都市现代农业区是京津冀现代农业发展的核心区，包括京津和河北省环京津的 27 个县市。该区域以发展都市现代农业为主攻方向，突出服务、生态、优质、科技、增收、传承六大功能，着力推进五项重点任务：即以"调粮增菜、扩果控畜"为重点，优化农业产业结构，强化京津"菜篮子"产品供给保障能力；大力发展生态循环农业，着力打造环京津生态保育圈；积极发展主食加工业和农产品物流业，建设布局合理、快速便捷的加工物流网络；以种业、信息化为重点，打造农业科技创新高地；稳步发展休闲农业、传承农耕文明，满足居民健康生活需求。着力打造服务城市、宜居生态、优质高效、科技创新、富裕农民、传承农耕文明的农业，实现农业田园景观化、产业园区化、功能多元化、发展绿色化、环境生态化，发挥率先突破、引领带动作用。

高产高效生态农业区是京津冀现代农业发展的战略腹地，包括河北省146 个县（市、区）。该区域以承接都市现代农业区产业转移、强化支撑保障、促进转型发展为主攻方向，突出优质高效、加工物流、生态涵养三大功能，着力推进五项重点任务：即以山前平原区为主建设粮食等重要农产品生产基地，提高京津冀都市群"米袋子""菜篮子"产品供给能力；以黑龙港地下水超采区为主发展高效节水型农业；以冀北坝上和接坝地区为主建设高原特色农牧业；以太行山、燕山为主建设山区生态农业，为建设京津冀都市群生态安全绿色屏障提供有力支撑；以环渤海地区为主打造沿海水产经济带，保护近海水域渔业资源和生态环境。着力打造服务都市的产品供给大基地、农业科技创新成果转化大平台、农产品加工物流业转移承接大园区、生态修复和环境改善大屏障。

四、保障措施

为确保各项目标任务落实，"十三五"期间，规划实施"菜篮子"生产和安全保障、农业生态环境建设、科技创新能力条件建设、中央厨房示范、信息化助农建设、休闲农业提档升级、农产品流通体系建设七大重点工程，加强区域农产品物流便利化、科技协同创新、农产品质量安全联合监管、重大动植物疫病联防联控、融资担保等五方面协同机制探索。

天津市农业农村委等部门关于印发
《天津市农业绿色发展"十四五"规划》的通知

各涉农区农业农村委、发展改革委、科技局、规划资源分局、生态环境局：

为深入贯彻党中央、国务院推进农业绿色发展决策部署，落实市委、市政府促进农业绿色发展部署要求，加快我市农业全面绿色转型，着力打造绿色生态、美丽田园，市农业农村委、市发展改革委、市科技局、市规划资源局和市生态环境局制定了《天津市农业绿色发展"十四五"规划》（以下简称《规划》），现印发给你们，请结合实际和部门职责认真贯彻落实。

推进农业绿色发展是一项系统工程、一项艰巨任务，需要加强协调、密切配合，共同推进《规划》任务落实。要目标同向，聚焦农业绿色发展重点任务，列出清单，细化措施，逐项落实。资源同聚，资金、人才、技术等资源要素要向农业绿色发展的重点领域和重点区域聚集，发挥集合效应，提升农业发展质量。力量同汇，创新推进机制，形成政府引导、市场主导、社会参与的格局。

市农业农村委 市发展改革委 市科技局
市规划资源局市生态环境局
2021 年 11 月 18 日

天津市农业绿色发展"十四五"规划

推进农业绿色发展，是贯彻新发展理念、推进农业供给侧结构性改革的必然要求，是加快农业现代化、促进农业可持续发展的重要举措，是守住绿水青山、建设美丽中国的时代担当。在巩固农业绿色发展成果的同时，科学编制并实施好农业绿色发展"十四五"规划具有重要意义。根据《中共中央关于制定国民经济和社会发展第十四个五年规划和二〇三五年远景目标的建议》《中华人民共和国国民经济和社会发展第十四个五年规划和 2035 年远景目标纲要》《中共中央 国务院关于完整准确全面贯彻新发展理念 做好碳达峰碳中和工作的意见》《中共天津市委关于制定天津市国民经济和社会发展第十四个五年规划和二〇三五年远景目标的建议》《天津市国民经济和社会发展第十四个五年规划和二〇三五年远景目标纲要》《"十四五"全国农业绿色发展规划》《天津市推进农业农村现代化"十四五"规划》等文件精神，与已经实施的《天津市乡村振兴战略规划（2018—2022 年）》等规划进行衔接，特编制《天津市农业绿色发展"十四五"规划》。

第一章 发展基础和环境

一、发展基础

"十三五"期间，本市坚决贯彻新发展理念，加快转变农业发展方式，农业绿色发展工作取得重大进展，农业绿色发展水平显著提升。

（一）功能布局不断优化，绿色农业供给能力明显增强。加快农业功能区建设，完成 170 万亩粮食生产功能区划定，完成畜牧养殖禁养区、限养区和适度发展区划分。创建畜禽标准化示范区 30 个、水产健康养殖示范场 74 家。武清区、西青区作为国家农业绿色发展先行区全面启动建设。

现代种业创新取得新进展，培育了水稻、黄瓜、肉羊、花椰菜等一批优势品种，建成国家肉羊（天津）生产性能测定中心、天津南繁（乐东）科研育种基地等一批种业科研育种创新基地。组织开展农作物种质资源普查与收集行动，征集农作物种质资源566个，"猫耳儿豆角"被农业农村部认定为2019年十大优质种质资源。建立了覆盖海淡水养殖、蔬菜、生猪等重点领域的7个现代农业产业技术体系，农业科技进步贡献率达到68%。农业基础设施建设水平不断提高，全市累计建成高标准农田370万亩，农作物耕种收综合机械化水平达到90.15%。农产品质量安全水平不断提高，地产农产品抽检合格率达到98.68%，累计认定"津农精品"品牌170个。

（二）**生态资源保护持续加力，农业绿色发展根基进一步夯实。**农业资源环境管控力度不断加大，落实最严格的耕地保护制度，实现永久基本农田保护面积不低于427万亩的目标，基本农田林网控制率达到95%。农业土壤污染防治工作取得实效，完成农用地土壤污染详查，建立耕地轮作休耕制度，累计完成轮作面积6.11万亩、休耕面积3.62万亩。推进农业节水，累计完成农业水价综合改革面积455.71万亩，加强地下水超采综合治理，全市节水灌溉面积达到378.83万亩，农田灌溉水有效利用系数达到0.72。加强水生态修复保护，持续开展增殖放流，累计在渤海湾近岸放流中国对虾等各类经济苗种88亿单位。完成营造林面积170万亩，森林覆盖率达到13%，林木绿化率达到28.24%。加强七里海、北大港、大黄堡、团泊四大湿地自然保护区保护修复，湿地自然环境和生态功能得到有效恢复。

（三）**清洁生产深入推行，农业面源污染防治效果明显。**实施化肥农药零增长行动，主要农作物化肥、农药利用率达到40%以上，化肥、农药使用量逐年下降。秸秆焚烧现象从源头得到有效遏制，主要农作物秸秆综合利用率达到98%。全面推进畜禽养殖废弃物资源化利用，畜禽粪污综合利用率达到86.51%。全域开展农田残膜回收，农田残膜回收率达到80%以上。探索实施农药包装废弃物有偿回收处理，健全农药包装废弃物等回收和集中处理体系，并取得明显成效。推进养殖尾水排放专项整治，推广鱼虾混养生物防控、连片池塘循环养殖等健康养殖模式，改造工厂化循环水养殖面积 50 万平方米。

（四）体系支撑建设不断强化，绿色发展新动能加快培育。积极构建农业绿色发展科技创新体系，推动成立农业领域产业技术创新联盟 12 家，累计认定 2 家国家级、7 家市级农业科技园区，市级技术工程研究中心总数达到 10 个。完善农业支持保护补贴制度和公益林补偿制度，生态系统功能得到有效发挥。推进农业标准化生产，健全完善绿色农业标准体系，现行农业地方标准达 246 项。完善绿色农业法规规章体系，制订实施《天津市土壤污染防治条例》等一系列法律法规。加快农业人才培养，培养有绿色发展理念、掌握绿色生产技术的农业人才和新型职业农民 2.5 万余人。

二、发展环境

实现农业绿色发展是提高农业质量效益和竞争力的必然要求，也是一项长期性和艰巨性的任务。"十四五"时期，本市农业绿色发展既面临机遇，也面临问题和挑战。

（一）机遇方面。一是绿色发展已成为全党全社会的共识和行动。党的十八大以来，以习近平同志为核心的党中央高度重视绿色发展，把生态文明建设摆到党和国家事业全局突出位置，坚持倡导绿色、低碳、循环、可持续的生产生活方式，绿水青山就是金山银山的理念已深入人心，成为引领我国走向绿色发展之路的基本国策。农业绿色发展是新发展理念在农业农村领域的具体体现，推进农业绿色发展是农业发展观的一场深刻革命，是决定能否成功走出一条中国特色社会主义乡村振兴道路的关键，各级各部门以及全社会对农业绿色发展重要性的认识不断提升。二是政策引领为推动农业绿色发展提供了重要保障。2017 年，国家出台了《关于创新体制机制推进农业绿色发展的意见》，全面提出农业绿色发展的总目标和政策措施。本市印发了《关于推进现代都市型农业绿色发展的实施意见》，制定了一系列支持农业绿色发展的政策措施，大幅加大对农业绿色发展的政策扶持，持续用力推动农业实现绿色持续发展。三是科技创新为推进农业绿色发展提供了强大支撑。近年来，我国聚焦农业绿色发展基础理论，推广应用物联网、大数据、区块链等新一代信息技术，加快研发新型育种、栽培技术和绿色农业机械装备等，推动农业科技绿色转型。科研单位、科技企业也加快了高产、优质、高抗逆性动植物新品种的选育及新型肥料、新型农药等生产资料的研发，积极推广绿色农产品的生产、加工技术以及农业废弃物资源化利用等技术，为推进农业绿色发展提供了强大的技术支撑。

（二）问题方面。一是农业产地环境治理水平有待进一步提高。虽然本市化肥、农药利用率等面源污染防治指标已达到国家要求，但农业投入品利用率整体还不够高，农业面源污染问题未根本解决。二是农业生产"三品一标"（品种培优、品牌打造、品质提升、标准化生产）水平还需进一步提升。优良畜禽水产品种不够多，品牌的规模偏小、市场竞争力还不够强，绿色优质农产品数量仍偏少，农产品标准化生产程度还需进一步提升。三是农业绿色发展人才短缺。农业从业人员匮乏，老龄化严重，新理念、新技术、新模式推广受限，阻碍了现代都市绿色农业发展。

（三）挑战方面。一是资源要素约束趋紧，对本市农业绿色发展提出了新的挑战。随着耕地数量不断减少、农业用水供需矛盾进一步加剧等，农业资源供应日益趋紧，在有限的资源条件下，既要保障粮食、蔬菜等重要农产品的供应，还要确保提供优质绿色安全的农产品和生态宜居的乡村环境，对"十四五"期间推广绿色生产技术、实施农业节水灌溉工程、发展适水种植作物以及加大资金和政策支撑等提出更高的要求，对农业绿色发展提出了新的挑战。二是科技创新力度不够强，与本市农业绿色发展现实需求不相适应。在农业投入品减量高效利用、废弃物资源化利用、产地环境修复和农产品绿色加工贮藏等领域，亟待加强科技创新，制约产业和区域绿色发展的重大关键技术瓶颈问题有待进一步突破，支撑农业绿色发展的科技创新体系尚不够完善，对农业绿色发展构成挑战。三是人民对美好生活的新期待，对农业绿色发展提出了更高的要求。随着生活水平提高，城乡居民的需求呈现多层次、个性化，天津作为现代化大都市，人民群众对提供绿色安全的农产品和生态宜居的乡村环境的期望更大、标准更高，对农业绿色发展形成更大挑战。

第二章　总体要求

一、指导思想

以习近平新时代中国特色社会主义思想为指导，全面贯彻党的十九大和十九届二中、三中、四中、五中、六中全会精神，深入贯彻落实习近平总书记对天津工作提出的"三个着力"重要要求和一系列重要指示批示精神，认真贯彻落实党中央、国务院决策部署，按照市委、市政府部署要求，立足新发展阶段，贯彻新发展理念，构建新发展格局，牢固树立和践行"绿水青山就是金山银山"理念，坚持节约资源和保护环境的基本国策，以高质量发展为主题，以推进农业供给侧结构性改革为主线，以资源环境承载力为基准，以构建绿色低碳循环发展的农业产业体系为重点，尊重农业发展规律，深化改革创新、激励约束和政府监管，把绿色发展导向贯穿农业生产全过程，推进农业资源利用集约化、投入品减量化、废弃物资源化、产业模式生态化，不断提升农业领域固碳减排能力，全力构建人与自然和谐共生的农业发展新格局，着力打造绿色生态、美丽田园，为全面推进乡村振兴、加快农业农村现代化提供有力支撑。

二、基本原则

——**坚持底线思维、保护为先。**落实构建生态功能保障基线、环境质量安全底线、自然资源利用上线的要求，坚持节约优先、保护优先、自然恢复为主，深入实施可持续发展战略，促进农业绿色发展，守住农业生态安全边界。

——**坚持政府引导、市场主导。**发挥政府作用，加大政府支持。更好发挥市场作用，落实生产经营者主体责任，建立健全"保护者受益、使用者付费、破坏者赔偿"的利益导向机制，引导农民、企业和社会力量参与农业绿色发展。

——**坚持创新驱动、依法治理**。强化科技创新在农业绿色发展中的重要支撑作用，健全完善科技创新推广体系，依法保护资源、治理环境，构建创新驱动与法治保障相得益彰的农业绿色发展支撑体系。

——**坚持系统观念、统筹推进**。实施山水林田湖草沙系统治理，正确处理农业绿色发展和资源安全、粮食安全、农民增收的关系，实现保供给、保收入、保生态的协调统一。

三、发展目标

到 2025 年，本市农业绿色发展水平显著提升，科技支撑和政策保障更加有力，农业资源利用更加节约高效，农业产地环境更加清洁，农业生态系统更加稳定，绿色农产品供给能力明显提高，农业质量和效益明显提升。

——**农业资源保护和利用效率明显提升**。耕地保护更加严格，基本农田保护数量保持稳定，守住粮食安全红线，农业资源环境管控更加强化。

——**产地环境治理水平明显提升**。化肥、农药使用量持续减少，农业废弃物资源化利用水平明显提高，农业面源污染得到有效遏制。

——**绿色优质农产品供给能力明显提升**。全市粮食和蔬菜、肉类、禽蛋、牛奶、水产品等主要农产品供给保障更加有力，粮食综合生产能力保持在 223 万吨左右。农业标准化清洁化生产加快推行，绿色食品、有机产品、地理标志农产品生产规模、农产品质量安全水平和品牌农产品占比持续提升。

——**绿色农业科技创新能力明显提升**。支撑农业绿色发展的科技创新体系更加有力，科研创新平台建设和绿色适用技术推广应用实现新突破。

——**减排固碳能力明显增强**。主要农产品温室气体排放强度基本达到峰值，农业减排固碳和应对气候变化能力不断增强，农业用能效率有效提升。

到 2035 年，农业绿色发展取得显著成效，绿色生产生活方式广泛形成，农业生产与资源环境承载力基本匹配、生产生活生态相协调的农业发展格局基本建立。

表 1　天津市农业绿色发展"十四五"规划主要指标

类别	序号	主要指标	单位	2020 年基期值	2025 年目标值	属性
农业资源	1	粮食综合生产能力	万吨	228	223 左右	约束性
	2	耕地质量等级	等级	4.37*	平均提高0.3 个等级	预期性
	3	农田灌溉水有效利用系数	—	0.72	0.725	预期性
	4	新增节水灌溉面积	万亩	—	40	预期性
产地环境	5	农作物秸秆综合利用率	％	98	＞98	预期性
	6	畜禽粪污综合利用率	％	86.51	90	预期性
	7	主要农作物化肥利用率	％	40.1	43	预期性
	8	主要农作物农药利用率	％	40	43	预期性
	9	废旧农膜回收率	％	80	85	预期性
绿色供给	10	地产农产品质量安全例行监测总体合格率	％	98.68	98	约束性
	11	累计绿色食品、有机农产品、地理标志农产品认证数量	个	176	220	预期性
	12	"津农精品"品牌数量	个	170	200	预期性
	13	水产标准化健康养殖比重	％	45.5	68	预期性
科技创新	14	农业科技进步贡献率	％	68	72	预期性
	15	主要农作物和主要畜禽的良种覆盖率	％	96	99	预期性

注：加 * 的数据是 2019 年数据。

第三章　强化农业资源保护与节约利用

加强生态文明建设，积极应对农业水土资源约束，强化耕地保护和安全利用，加强农业生物资源保护，推动资源利用方式根本转变，全面提升农业生态环境质量，夯实农业绿色发展的根基。

一、加强耕地保护与开发

（一）**严守耕地红线。**落实最严格的耕地保护制度，牢牢守住耕地红线和永久基本农田保护面积，实施质量优先序下的耕地结构性保护。坚决遏制耕地"非农化"、防止耕地"非粮化"，全面落实永久基本农田特殊保护政策措施，稳定永久基本农田保护数量。切实承担起粮食主销区保障国家粮食安全的责任和义务，着力提升粮食产能和自给率，粮食播种面积稳定在526万亩以上，坚决守住粮食安全底线。严格控制新增建设占用耕地，严格新增耕地核实认定和监管。严格执行"占一补一、占优补优、占水田补水田"占补平衡要求，促进耕地数量、质量、生态三位一体保护，保证耕地面积不减少。管控沿海滩涂等区域开垦耕地行为，禁止毁林毁草开垦耕地。

（二）**加强耕地质量建设。**实施新一轮高标准农田建设规划，开展土地平整、土壤改良、灌溉排水等工程建设，配套建设实用易行的计量设施，并结合实际加快改造提升已建高标准农田。实施耕地保护与质量提升行动，开展秸秆还田，增施有机肥，种植绿肥还田，增加土壤有机质，提升土壤肥力。健全耕地质量监测和等级评价制度，完善耕地质量管理信息系统。坚持分类分区治理，集成推广土壤改良、地力培肥、治理修复等技术，有序推进退化耕地治理。

二、着力发展现代节水农业

（一）**加大农业节水技术推广力度。**发展雨养农业，减少灌溉用水。推广水肥一体及喷灌、滴灌等农业节水技术，提高水资源利用效率。调整农作物种植结构，适度调减高耗水作物。选育推广一批节水抗旱的小麦、玉米品种，增强抗旱保产能力。加强节水灌溉工程建设和节水改造，推进规模化高效节水灌溉。加强地下水超采综合治理，到2022年底，除特殊情况外，超采区基本实现深层地下水"零"开采。

（二）**加强农业用水管理。**强化水资源刚性约束，坚持以水定地、量水而行。坚持最严格水资源管理制度，落实用水总量和用水效率双控制度，明确区域农业用水总量指标。完善主要农作物灌溉用水定额，指导科学灌溉，引导农业生产者改善用水习惯。强化农业取水许可管理，严格控制地下水利用。建立健全农业用水精准补贴和节水奖励机制。推进农田水利设施产权制度改革，明确工程产权和管护主体，建立长效管护机制。

三、强化农业生物资源保护与利用

（一）**加强农业物种资源保护**。组织开展农业种质资源普查，收集一批作物种质资源，创制一批作物新种质和育种材料。加强农业种质资源保护利用，建设天津市农业种质资源保护和支撑体系，建设农作物种质资源库，建立资源鉴定评价和利用共享体系。加强农业野生植物保护，按国家要求梳理调整和归类现有野生植物原生境保护区（点）。

（二）**加强水生生物资源保护**。在重点水域持续开展水生生物增殖放流，加强苗种供应基地建设，适当增加珍稀濒危物种放流数量。严格执行重点河流禁渔期制度，开展"中国渔政亮剑"系列专项执法行动。严格执行海洋伏季休渔制度，落实国家限额捕捞管理制度，推进实施海洋渔业资源总量管理。积极推进海洋牧场建设。

（三）**加强外来入侵物种防控**。严格落实物种多样性和物种安全的法规、标准和技术规范，健全生物多样性监管基础设施，实施生物多样性保护工程。开展本市农业外来入侵物种全面普查、监测和防控，对本市农业生态环境有重要影响的外来入侵植物、检疫性病虫害进行长期监测预警与防控，确保本市农业生态和农业生产安全。加强农田、渔业水域等区域外来入侵物种治理，落实阻截防控措施，遏制草地贪夜蛾、松材线虫病等重大危害入侵物种扩散蔓延。

四、强化农业生态环境保护与修复

（一）**加强农业生态环境保护与修复**。严守生态红线，强化耕地、渔业水域、湿地等用途管控，严防不合理开发建设活动对资源环境的破坏。推行轮作和适度休耕制度，集成推广种地养地和综合治理相结合的生产技术模式，降低耕地开发利用强度。加强耕地污染防治，全面推进耕地分类管理，加大优先保护类耕地保护力度，巩固受污染耕地安全利用成效。建设农田生态廊道，增加农田生物多样性，发挥稻田生态涵养功能，合理布局种植、养殖、居住等，增强田园生态系统的稳定性和可持续性。发挥水产养殖生态修复功能，在尽量避开生态保护红线以及自然保护地核心保护区情况下，在主要水库、湿地和生态走廊水域等大水面发展不投饵滤食性、草食性鱼类等增养殖，实现以渔控草、以渔抑藻、以渔净水。探索发展浅海贝类增养殖，增加渔业碳汇。加强对国家重要湿地和市级重要湿地保护与恢复力度，开展重点湿地区域的能力建设和湿地恢复工程。持续加强林草生态系统修复，加强农田防护林保护。

（二）开发农业生态价值。落实 2030 年前力争实现碳达峰的要求，推动农业固碳减排，研发种养业生产过程温室气体减排技术，开发工厂化农业、农渔机械、屠宰加工及储存运输节能设备，创新农业废弃物资源化、能源化利用技术体系，开展减排固碳能源替代示范，提升农业生产适应气候变化能力。在严格保护生态环境的前提下，挖掘自然风貌、人文环境、乡土文化等价值，开发休闲观光、农事体验、生态康养等多种功能。实施优秀农耕文化保护与传承示范工程，发扬农业文化遗产价值，保护传统村落、传统民居。

专栏 1　农业资源保护利用工程

1. 耕地保护与修复。坚决落实耕地占补平衡制度，确保补充耕地数量质量。以永久基本农田、粮食生产功能区为重点，新建改造提升高标准农田面积 100 万亩。开展耕地质量调查评价。巩固提升受污染耕地安全利用水平，到 2025 年全市受污染耕地安全利用率达到 93％左右。总结耕地安全利用与修复技术模式，建立分类安全利用技术库和农作物种植推荐清单，确保完成国家下达的耕地安全利用指标。持续开展轮作和适度休耕试点，促进耕地休养生息。

（续）

> 2. 农业节水灌溉。大力发展管灌、滴灌、喷灌、防渗渠道等节水灌溉工程，推广实施水肥一体化、覆盖保墒、集雨补灌。以高标准农田建设为依托，重点发展高效节水灌溉农业，推动高效节水灌溉工程建设。以提高农业排灌能力、提高农业用水效率为重点，开展中型灌区续建配套与节水改造工程建设和农村国有扬水站更新改造工程。
>
> 3. 农业种质资源保护。完成第三次全国农作物种质资源、畜禽遗传资源普查和第一次水产养殖种质资源普查，摸清本市农作物、畜禽和水产养殖种质资源的种类、数量、分布、主要性状等家底。建设天津市农作物种质资源库，确定农业种质资源保护单位，建设天津市农业种质资源保护体系。
>
> 4. 农业生态环境保护与修复。建立与现代都市型农业相适应的田园生态系统保护与修复模式。积极开展增殖放流工作，养护修复渔业资源。推动实施天津市"蓝色海湾"整治修复工程项目，改善海洋生态环境，提升滨海湿地生物多样性，提升海洋资源承载力。做好退耕还湿、防护林建设，预防土地沙化，推进水土流失治理。加大执法力度，严禁未经达标处理的城镇污水和其他污染物进入农业农村。

第四章　持续推进农业清洁生产

强化农业面源污染防治，推行清洁生产，科学使用农业投入品，推进农业废弃物资源化利用，加强农业废弃物资源化利用、养殖尾水处理，促进产地环境更加清洁，加快推进农业生产方式转变。

一、推进农业投入品结构调整

推进化肥农药减量增效，实现源头减量。推广机械施肥、种肥同播等措施，改进施肥方式。鼓励小农户和新型农业经营主体使用测土配方施肥技术，提高精准施肥水平，减少化肥使用量。培育一批多元化专业化农业社会化服务组织，开展生资配送、统防统治、烘干收储等生产托管服务。推广喷杆喷雾机、植保无人机等新型高效植保机械，提高农药利用率。落实国家农田污染控制标准，依法禁止未经处理达标的工业和城镇污染物进入农田、养殖水域等农业区域。严格农业投入品使用管理，依法实施农业投入品登记许可，加强生产经营管理和使用指导，建立农药、兽用处方药等农业投入品生产经营购销台账。加强农作物病虫害统防统治和全程绿色防控技术示范，推进生物有机肥、缓释肥料、高效低毒低残留农药、生物农药等投入品应用。推进兽用抗菌药使用减量，严格执行兽用处方药制度和休药期制度。推广安全绿色兽药，规范使用饲料添加剂。加强水环境改良剂等制品的管理，健全农药、兽药、饲料添加剂等农业投入品电子追溯制度，支持低消耗、低残留、低污染农业投入品生产。

二、提升农业废弃物资源化利用水平

（一）**推进畜禽养殖废弃物资源化利用。**严格落实畜禽养殖污染防治要求，探索构建畜禽粪污资源化利用市场机制，促进种养结合。新建规模化畜禽养殖场同步建设粪污处理设施，推动现有规模化畜禽养殖场粪污处理设施正常运转。以种植和养殖大区为重点，开展绿色种养循环农业试点，培育粪肥还田利用社会化组织，推行粪肥就地消纳、就近还田，构建粪肥还田组织运行模式。推动蓟州、静海、武清、滨海新区和环城四区建立健全病死畜禽无害化处理体系。

（二）**加强养殖尾水污染治理。**充分利用进排水改造、动植物净化、人工湿地、稻渔综合种养等技术措施，开展规模化养殖场尾水处理，推动养殖尾水资源化利用或达标排放。加强养殖尾水监测，规范设置养殖尾水排放口，落实养殖设施所有者和生产者环境保护主体责任，以及养殖尾水排放属地监管职责。加强池塘周边废弃物综合整治，推进网具、饲料包装袋、药品包装等养殖生产副产物集中收置和资源化利用。

（三）**强化秸秆资源化利用。**深入落实秸秆禁烧制度和综合利用，持续开展主要农作物秸秆综合利用。集成推广秸秆还田技术、秸秆机械化还田装备，促进秸秆肥料化。鼓励养殖场和饲料企业利用秸秆发展优质饲料，促进秸秆饲料化。建立健全秸秆资源台账，因地制宜促进秸秆基料化和原料化。

三、加强白色污染治理

落实严格的农膜管理制度，加强农膜生产、销售、使用、回收、再利用等环节管理。积极推进科学覆膜，有条件地区开展生物降解地膜示范。持续推进农膜回收处置，因地制宜建立废旧农膜回收服务网点，推进机械捡拾和人工捡拾综合施策。建立健全农田地膜残留监测点。加强农药包装废弃物回收处置，鼓励采取押金制、有偿回收等措施，引导农药使用者交回农药包装废弃物。完善农药包装废弃物回收体系，推进农药包装废弃物资源化利用和无害化处置。加强农药包装废弃物回收处理活动环境污染防治的监管。合理处置肥料包装废弃物，对有再利用价值的肥料包装废弃物进行再利用，无利用价值的纳入农村生活垃圾处理体系集中处理。

专栏 2　农业清洁生产工程

1. 农业投入品结构调整。推进化肥农药减量增效，全面推广测土配方施肥技术，加快推广有机肥替代化肥和病虫害绿色防控技术，培育一批统防统治社会化服务组织。开展绿色种养循环农业试点。持续落实养殖投入品使用记录制度，做好养殖用药指导工作，加大养殖用饲料、兽药等投入品质量监测力度。健全农药、兽药、饲料添加剂等投入品追溯系统。

2. 农业废弃物资源化利用。深入实施秸秆禁烧制度和综合利用，探索秸秆利用与地力提升补贴政策相挂钩机制。全面实施农膜回收利用，强化包装废弃物回收处置。探索建立地膜生产者责任延伸制度。巩固粪污治理工程成果，持续培育 200 家种养一体、循环利用、绿色畜牧示范场，高质量完成国家下达的畜禽养殖标准化示范场创建任务。开展农业面源污染调查监测和污染复核评估，强化监管、综合执法及考核结果运用，探索开展化肥农药使用总量控制。

3. 水产健康养殖。加强循环水等绿色环保现代渔业技术集成和模式应用，引导发展大水面生态增养殖、循环水养殖、稻渔综合种养等健康养殖方式，提升水产养殖业绿色发展水平。创建国家级水产健康养殖和生态养殖示范区。

第五章　提高农产品质量安全水平

落实"产出来"与"管出来"要求，健全农产品质量安全标准体系和追溯系统，强化农产品质量安全突出问题整治，推进标准化生产，提升农产品绿色化、优质化水平。

一、健全农产品质量安全标准体系和追溯系统

完善农业质量标准体系，按照"有标采标、无标创标、全程贯标"的要求，加快基地产前、产中、产后关键环节标准的制修订。切实加强产地环境保护和源头治理，推进农业标准化建设，落实田间档案和生产记录制度。制修订一批引领绿色产业升级、以提质为导向的农业地方标准。深入实施地理标志农产品保护工程，建设一批特色品种繁育基地和核心生产基地，推动地理标志农产品生产标准化、产品特色化、身份标识化、全程数字化发展。建立农产品质量全程追溯体系，加强信息技术应用，探索数字化智慧监管模式。积极落实并完善食用农产品合格证制度，构建以合格证管理为核心的农产品质量安全监管新模式，督促农产品生产经营者落实主体责任，产品凭追溯码和合格证实现产地准出，做好产地准出与市场准入有效衔接。

二、强化风险分级管理和农产品质量安全突出问题整治

健全农产品质量监管体制，强化风险分级管理和属地责任，加大抽检监测力度。对食品经营各类主体全面实施风险分级管理，严格落实监管部门监督检查职责，不断提高食品安全风险管控能力。加强食用农产品质量安全规范管理。进一步压实集中交易市场开办者主体责任，监督食用农产品销售者严格履行进货查验与记录等义务。强化质量安全突出问题整治。聚焦蔬菜、禽蛋、水产品、生猪、牛羊肉等农产品，重点整治使用禁限用农药、禁用兽药及其他化合物等违法行为；整治不执行安全间隔期和休药期制度，导致上市农产品农药兽药残留超标问题；整治私屠滥宰、屠宰病

死猪、注水注药等违法行为；整治农药兽药中违法添加、隐性添加禁限用成分等问题。

三、提升农产品质量安全执法监管能力

强化绿色食品、有机农产品、地理标志农产品认证和监管，规范标志使用，加强相关产品监测和证后监管，严格淘汰退出机制。进一步加大对在生产、加工、销售活动中伪造、冒用、超期、超范围使用认证证书、认证标志等违法行为的查处力度。完善生产主体名录和动态管理，实现日常巡查检查全覆盖，增加重点监管对象检查频次。积极推进监管、检测、执法工作"三同步"，及时公布抽检不合格信息。深化产地准出和市场准入衔接机制，共同打击产地销地问题农产品，形成全链条整治。充分发挥农业综合行政执法队伍监管力量，用足用好行政处罚手段，对涉嫌犯罪的要坚决移送司法机关追究刑事责任。

专栏3 农产品质量安全提升工程

1. 农产品标准化基地建设。依托农产品质量安全区，以蔬菜、生猪和水产品为主要品种，推进生产设施、技术模式、质量管理标准化改造提升。积极培育绿色食品、有机农产品，实施地理标志农产品保护工程，建立"地理标志农产品保护发展项目库"。全面试行食用农产品达标合格证制度，试行主体出证覆盖率达到100%。

2. 农产品质量安全体系建设。以放心水产品追溯平台为依托，整合放心水产品、放心菜和放心猪肉、放心肉鸡平台，建立全市统一的追溯管理信息平台、制度规范和技术标准，实现与国家追溯平台的有效对接和融合，构建市、区、街镇三级联动、体制内外检测机构互相补充的农产品质量安全检测体系。积极推进区级监测机构资质认证，加快提升监测能力，到2025年，10个涉农区农产品质量安全监测机构全部通过CMA和CATL"双认证"。

3. 农产品质量安全突出问题整治。持续加大伪造、冒用、超期、超范围使用认证证书、认证标志等违法行为的查处力度。开展"治违禁 控药残 促提升"专项整治三年行动，聚焦韭菜、豇豆、芹菜、禽蛋、肉牛、

（续）

肉羊等 11 种农产品以及本市部分主要的地产农产品品种，针对禁限用农药、食品动物禁止使用的药品及其他化合物、产蛋期不得使用兽药、停用兽药使用问题，以及常规农兽药残留超标问题进行集中整治。

第六章　打造绿色低碳农业产业链

推动农业绿色发展、低碳发展、循环发展，全产业链拓展农业绿色发展空间，推动形成节约适度、绿色低碳的生产生活方式，坚定不移走绿色低碳循环发展道路。

一、构建农业绿色供应链

（一）**优化农业绿色生产布局。**以本市现有资源承载力为基础，充分发挥本市区位优势和特色品种资源优势，不断调优种植业产业布局结构，推动种植业向绿色、高效方向发展。推广节药、减肥等绿色生产技术和稻渔综合立体种养技术，调整优化养殖业区域布局和产业结构，严格依法依规落实限养区、禁养区管理要求，推进养殖业标准化、规模化、智能化、可持续发展，做优现代畜牧业和绿色渔业。发展现代都市型畜牧业，发挥区域比较优势，适度发展环城特色养殖、远郊生态养殖，提升畜产品供给保障能力。发展绿色渔业，稳定发展池塘养殖，保持水产养殖基本生产能力。科学合理确定养殖规模，推进高标准池塘建设，改善养殖水域生态环境，推广绿色生态养殖新模式。

（二）**推进农产品加工业绿色转型。**坚持加工减损、梯次利用、循环发展方向，统筹发展农产品初加工、精深加工和副产物加工利用。促进农产品商品化处理，改善田头预冷、仓储保鲜、原料处理、分组分割、烘干分级等设施装备条件，减少产后损失。加快绿色高效、节能低碳的农产品精深加工技术集成应用，生产开发营养安全、方便实惠的食用农产品。加强农产品加工副产物综合利用，开发新能源、新材料、新产品。

（三）建立健全绿色流通体系。发展农产品绿色低碳运输，以全链条、快速化为导向，建设水陆空一体、便捷顺畅、配送高效的多元联运网络。加快建设覆盖农业主产区和消费地的冷链物流基础设施，健全农产品冷链物流服务体系。加快农产品批发市场改造提升，配套分拣加工、冷藏冷冻、检验检疫和废弃物处理设施，加强市场数字化信息体系建设，推动农产品供应链可追溯。推广农产品绿色电商模式，创新农产品冷链共同配送、生鲜电商＋冷链宅配、中央厨房＋食材冷链配送等经营模式，实现市场需求与冷链资源高效匹配对接，降低流通成本及资源损耗。

（四）促进绿色农产品消费。健全绿色农产品标准体系，加强绿色食品、有机农产品、地理标志农产品认证管理，深入推进食用农产品达标合格证制度试行，进一步推广运用农产品追溯体系，提高绿色农产品的市场认可度。推动批发市场、超市、电商设立绿色农产品销售专区专馆专柜，引导企业和居民采购消费绿色农产品。倡导绿色低碳生活方式，开展农产品过度包装治理，坚决制止餐饮浪费行为。

二、推进产业集聚循环发展

（一）促进产业融合发展。以绿色为导向，注重产业融合发展，提高产业园区、产业强镇、产业集群等产业融合载体的绿色发展成效。推进要素集聚，统筹产地、销区和园区布局，引导资本、科技、人才、土地等要素向农产品主产区、中心乡镇和物流节点、重点专业村聚集，促进产业格局由分散向集中、发展方式由粗放向集约、产业链条由单一向复合转变。推进企业集中，促进农产品加工与企业对接，引导大型农业企业重心下沉，向农产品加工园区集中，再造流通体系，降低交易成本，促进生产与加工、产品与市场、企业与农户协调发展。推进功能集合，合理布局种养、加工等功能，完善绿色加工物流、清洁能源供应、废弃物资源利用等基础设施，打造绿色产业链供应链，推动形成功能齐全、布局合理的绿色发展格局。

（二）推动低碳循环发展。推动企业循环式生产、产业循环式组合，加快培育产业链融合共生、资源能源高效利用的绿色低碳循环产业体系，形成新的经济增长源。发展生态循环农业，合理选择农业循环经济发展模式，推动多种形式的产业循环链接和集成发展，促进农业废弃物资源化、产业化、高值化利用，发展林业循环经济，加快建立植物生产、动物转化、微生物还原的种养循环体系，打造一批生态农场样板。推动农业园区低碳循环，推动现代农业产业园区和产业集群循环化改造，建设一批具有引领作用的循环经济园区和基地，完善园区循环农业产业链条，实现资源循环利用、废弃物集中安全处置、垃圾污水减量排放，形成种养加销一体、农林牧渔结合、一二三产业联动发展的现代复合型循环经济产业体系。

三、实施农业生产"三品一标"行动

（一）**推进品种培优。**实施现代种业提升工程，巩固提升优势种业，开发培育特色种业。强化优势种业品种创新，支持选育一批具有自主知识产权的高产高效、优质绿色作物新品种，提高优良品种覆盖率和普及率，夯实粮食安全和"菜篮子"稳产保供的种子基础。积极构建企业为主体、基础公益研究为支撑、产学研用融合的种业创新体系，加快生物育种技术研发应用，力争在优势种业育种技术上取得突破。

（二）**推进品质提升。**依托市水稻产业技术体系开展优质粳稻品种示范，在京津冀地区示范推广优质水稻良种，提升小站稻品质。依托市蔬菜、海水养殖、淡水养殖、生猪、奶牛（肉羊）产业技术体系，开展优质蔬菜品种和畜禽水产良种引进、示范，提升"菜篮子"产品质量。集成推广技术模式，净化农业产地环境，推广绿色投入品，促进优质农产品生产。执行农产品品质评价方法标准，开展农产品品质评价方法创新研究，推广绿色食品使用包装标识。

（三）**推进品牌打造。**推动绿色优质农产品基地建设，扩大绿色食品、有机农产品和地理标志农产品数量和生产规模，筑牢品牌基础。培育知名品牌，依托本市农业资源优势，打造小站稻、沙窝萝卜、蓟州农品等地域特色鲜明的区域公用品牌。结合粮食生产功能区和特色农产品优势区建

设，做优"新字号"、塑强"老字号"农业品牌，鼓励新型农业经营主体打造特色明显、竞争力强、知名度高的企业品牌、产品品牌。加强品牌管理，建立"津农精品"农业品牌目录，将"津农精品"纳入天津品牌指数和天津市市场主体信用信息公示系统，提高企业失信成本。利用农业综合性展会、产销对接、网农对接等活动促进品牌营销，加大宣传推介力度，提高品牌传播效率。

（四）推进标准化生产。 推动现代农业全产业链标准化，加快产地环境、投入品管控、农兽药残留、产品加工、储运保鲜、品牌打造、分等分级关键环节标准的制修订。探索建立农产品全产业链标准化试点，建设农业全产业链标准化集成应用示范基地。实施农业标准化提升计划，推动新型经营主体按标生产，发挥示范推广作用，带动农业大规模标准化生产。

专栏 4　绿色优质农产品供给提升工程

---

1. 农业结构调整。根据水资源条件，推进适水种植和量水生产，适度压减高耗水作物。调整优化种植业结构，积极发展优质粮食作物。发展现代都市型畜牧业，推进种养结合的适度规模经营。到 2025 年，稻渔综合种养面积达到 50 万亩，促进水产养殖业转型升级，提高稻田综合效益。依托现代农业设施和旅游特色村，发展绿色旅游业、生态农业。

2. 农业现代种业提升。支持大专院校、科研院所等单位重点开展基础性和公益性研究，加快生物育种技术研发应用，力争在优势种业育种关键技术创新上取得突破。组织开展黄瓜、花椰菜、水稻等作物育种创新和肉羊、生猪等畜禽遗传改良，创新选育推广一批优质绿色作物品种。坚持引育结合，筛选引进推广国内外优良品种，满足本市重要农产品用种需求。

3. 农产品品牌建设。擦亮"津农精品"金字招牌，打造地域特色鲜明的区域公用品牌和竞争力强、知名度高的企业品牌、产品品牌。强化农业品牌监管，建立准入退出机制。促进品牌营销，加大宣传推介力度，组织品牌农业企业参加全国综合性展会，举办地方特色农产品产销对接活动，提高品牌传播效率。引导优秀农业品牌参加国际知名展会。

第七章　强化农业绿色发展科技支撑

聚焦科技创新、种业发展、农业绿色生产等重要任务，集成创新绿色生产技术模式，构建农业绿色发展技术体系，推进要素投入精准减量、生产技术集约高效、产业模式生态循环、设施装备配套齐全，推动农业科技绿色转型。

一、加快农业绿色科技创新

（一）推进绿色技术集成创新。围绕现代种业创新、农产品保鲜加工、绿色生态农业等领域，进行核心关键技术的突破创新和重大成果的引领示范，集成创新一批土壤改良培肥、节水灌溉、精准施肥用药、废弃物循环利用、农产品收储运和加工等绿色生产技术模式。熟化核心技术，推动农业生产数字化、智能化与绿色化改造，组装集成一批不同品种、不同区域的绿色技术，建立农业绿色发展技术体系。

（二）加快绿色农机装备创新。以智能、系统集成为目标，推动农机装备向模式化、智能化转变。根据农业绿色发展机械化需求，以企业为主体、市场为导向，促进产学研推用深度融合，完善绿色农机装备创新体系，推动农机装备产业转型升级。稳定实施农机购置补贴政策，将更多支持农业绿色发展的机具、智能装备纳入补贴范围，加快绿色机械应用推广，深化北斗系统在农业生产中的推广应用。落实绿色农机标准，推进农业机械排放标准升级，加快淘汰耗能高、污染重和安全性能低的老旧农机装备，加强绿色高效技术装备示范推广。

（三）建设农业绿色技术体系创新载体。推进农业科技创新团队建设，加快打造水产、蔬菜、生猪、奶牛、林果、水稻等现代农业产业技术体系创新团队。持续加强对农业科技园区、产业创新联盟、农业科技创新示范基地、农业科技特派员等载体和农业科技服务平台的指导，有效利用高校、科研院所的创新资源，与企业建立产学研用协同创新机制，不断提升企业自主创新和自我发展能力。

二、加快绿色适用技术推广应用

（一）推进绿色科技成果转化。建立健全农业科技成果评估制度，组织开展以知识产权评议、成果价值评估、技术风险评价等为重点的农业绿色科技成果第三方评估。定期公布科技成果和相关知识产权信息，采取研发合作、技术转让、技术许可、作价投资等形式，推动科技成果与绿色产业有效对接。建立绿色发展科技成果转化激励制度，强化股权和分红激励政策，推动绿色科技成果向生产领域转化。

（二）推进绿色技术先行先试。以国家农业绿色发展试点先行区为重点，开展绿色技术应用试验，探索不同生态类型、不同主导品种的农业绿色发展典型模式。选择一批新型农业经营主体，开展农业绿色发展综合试点，探索节肥节药、废弃物循环利用市场化运行机制。推进重要农业资源台账建设，摸清农业资源底数。建立健全农业农村绿色发展全过程监测预警体系，持续实施产地土壤环境、农田氮磷流失、农田地膜残留等监测。

（三）引导小农户应用绿色技术。开展绿色生产技术示范，加强主体培育、科技服务、技术培训、社会化服务，提升小农户生产绿色化水平。实施科技服务小农户行动，建立健全农业科技社会化服务体系，支持小农户运用优良品种、绿色技术、节能农机等发展智慧农业、循环农业等现代农业。实施小农户能力提升工程，采取农民夜校、田间学校等形式，开展绿色技术培训，支持小农户开展联户经营、联耕联种、接受统耕统收、统配统施、统防统治等社会化服务，降低生产经营成本。鼓励有长期稳定务农意愿的小农户稳步扩大规模，采用绿色农业技术，开展标准化生产。

三、加强绿色人才队伍建设

（一）健全基层农技推广服务体系。推动基层农技推广机构建设，保障必需的试验示范条件和技术服务设备设施，加强绿色增产、生态环保、质量安全等领域重大关键技术示范推广。支持基层农技推广人员为小农户和新型农业经营主体提供全程化、精准化和个性化绿色生产技术服务。

（二）**培育新型农业经营主体。**充分发挥新型农业经营主体对市场反应灵敏、对绿色新品种新技术新装备采用能力强的优势，积极培育和壮大新型农业经营主体。支持发展家庭农场和农民合作社，培育农业产业化龙头企业和联合体。引导新型农业经营主体发展绿色农业、生态农业、循环农业，推进生态农场建设，率先运用绿色生产技术，开展标准化生产，提高绿色技术示范应用水平。鼓励科技特派员在农业绿色发展领域创新创业。支持新型农业经营主体带动普通农户发展绿色种养，提供专业化全程化绿色技术服务。

（三）**培养绿色技术推广人才。**创新绿色技术推广人才培养模式，加快培养农业绿色生产高素质应用型人才。培养新型农业经营主体带头人，增加农业绿色生产技能培训课程，强化绿色发展理论教学和实践操作。加强农村实用人才培养，依托高素质农民培育计划，加大绿色技术培训力度，提高绿色生产技术水平。

专栏5　农业绿色发展科技创新工程

---

1. 绿色技术集成创新。创新研发应用土壤改良培肥、节水节肥节药、废弃物循环利用、绿色加工等农业绿色生产技术。研发绿色高效功能性肥料、生物肥料、土壤调理剂、高效低毒低残留兽药、绿色高效饲料添加剂、可降解地膜等绿色投入品。

2. 绿色农机装备研发推广。研发创制一批节能低耗绿色智能化农机装备，加快植保无人机、残膜回收机、废弃物无害化处理等农机装备推广应用，大力示范推广节种节水节能节肥节药等农机化技术。

3. 农业绿色技术创新载体建设。组织实施天津市现代农业产业技术体系创新团队建设项目，重点开展科技创新，研发选育新品种，创新绿色种养殖技术和生产模式，提高农业科技创新水平。依托团队技术力量组织开展新品种、新技术、新装备示范推广及引进工作，开展技术咨询指导等。完善提升生物育种、都市农业、农产品加工、智慧农业、食用菌5个创新平台，提升市级农业科技创新平台运行水平和创新能力。

4. 农业绿色发展先行先试支撑体系建设。推进武清区、西青区农业绿色发展先行区建设，开展绿色技术应用试验，开展先行先试支撑体系建设。推进重要农业资源台账制度建设。

第八章　健全农业绿色发展体制机制

强化制度约束，完善市场机制，引导社会参与，加快推动农业发展由数量导向转向提质导向，切实改变农业过度依赖资源消耗的发展模式，增强农业绿色发展动能。

一、强化执法与监管

加强农业综合执法体系和执法队伍建设，为推进农业绿色发展提供强有力的法治保障。提升农业执法监管能力，与市场监管部门加强信息通报、上下游衔接，深化产地准出和市场准入衔接机制，共同打击产地销地问题农产品，形成全链条整治。健全完善生态资源开发保护相关法规制度。强化重点领域执法，严格执行农业资源环境保护、农产品质量安全、农业投入品生产使用等领域法律法规，持续实施农产品质量安全"治违禁控药残 促提升"、海洋伏季休渔等专项执法行动，加强跨行政区资源环境合作执法和部门联动执法，依法严惩农业资源环境违法行为。提升农业绿色发展执法能力，推进农业综合行政执法，加强执法设施装备建设。推动行政执法机关与司法机关、监察机关的工作衔接配合。

二、完善农业绿色生态补贴机制

（一）完善农业支持保护补贴制度。 探索推进补贴发放与耕地地力保护行为相挂钩的耕地地力保护补贴机制。引导农业投入品减量增效，支持重点作物绿色高质高效生产，开展化肥农药减量增效示范。全面实施秸秆综合利用行动，实行整区集中推进。落实林业、湿地、水生生物、休耕、绿色防控、有机肥替代等方面的生态补贴政策。健全森林生态效益补偿机制，研究完善本市公益林补偿政策。

（二）建立多渠道投入机制。 有效利用绿色金融服务农业绿色发展的方式，加大绿色信贷及专业化担保支持力度，鼓励金融机构向绿色有机、低碳循环农业生产企业提供融资支持，鼓励保险经办机构创新绿色保险产品和服务。将符合条件的农业绿色发展项目纳入地方政府债券支持范围。加大政府和社会资本合作（PPP）在农业绿色发展领域的应用，引导社会资本参与农业废弃物资源化利用、农业面源污染治理、农业资源环境保护与可持续发展、动物疫病净化、生态保护修复等项目，扩大农业绿色发展社会投资。

三、建立市场价格调节机制

（一）健全绿色价格机制。 进一步完善和落实农业资源有偿使用制度，完善资源及其农产品价格形成机制，推动农业资源保护与节约利用。

（二）建立绿色产品市场价格实现机制。 建立优质农产品评价体系，完善农产品分等分级制度，持续推进农产品品质和营养成分检测，推进绿色优质农产品优质优价。建立绿色优质农产品产地准出和市场准入制度，加强绿色优质农产品市场监管，规范市场秩序。加快农产品质量安全信用体系建设，建立农产品生产者、经营者诚信档案，加强信用管理，落实生产经营主体诚信责任。建立健全生态产品价值实现机制，探索开展农业生态产品价值评估，健全生态产品经营开发机制。通过原生态种养、精深加工、休闲旅游、品牌打造等模式，拓展提升生态产品价值，协同推进生态产品市场交易与生态保护补偿，实现生态产品价值有效转化。

（三）培育绿色农业交易市场。 依托天津市农村产权流转交易市场，健全农业生态产品市场体系，依托规范的公共资源和产权交易平台，完善农业生态产品价格形成机制，探索建立初始分配、有偿使用、市场交易、纠纷解决、配套服务等制度。推进市场化经营性服务，开展农业生态系统损害监测评价，支持从事农业资源保护、废弃物资源化利用、环境污染治理和绿色生产服务的龙头企业和专业化服务组织制定高规范的标准体系。

第九章　强化规划实施

加强组织领导，强化保障措施，凝聚推动农业绿色发展的强大合力，确保一张蓝图绘到底。

一、加强组织领导

深入贯彻"绿水青山就是金山银山"的发展理念，加强组织领导，建立健全推进农业绿色发展工作体制机制。各涉农区有关部门要切实扛起推进农业绿色发展工作职责，主动作为，明确分工，层层压实责任，形成规划实施强有力的组织保障。创新和拓展宣传形式，大力推行绿色生产方式，积极倡导绿色生活方式，引导公众广泛参与，推动形成践行绿色发展理念的良好社会氛围。

二、加大政策扶持

充分发挥财政资金的引导作用，加大财政对农业绿色发展、农业生态资源保护的支持力度，推动财政资金支持由生产领域向生产生态并重转变。完善农业保险政策，健全农业信贷担保体系，探索通过农业政策性担保、贷款贴息、以奖代补等多种方式，推行第三方运行管理、政府购买服务，引导社会资本投资农业可持续发展，建立农业绿色发展多元化投入机制。

三、开展规划监测评估

加强对规划实施的动态监测和监督管理，充分发挥规划的引领作用。建立监测评估制度，组织开展中期评估和总结评估。加大对重点工作和主要指标完成情况的调度，确保规划落实落地。

河北省农业厅 河北省委省政府
农村工作办公室关于印发
《河北省农业可持续发展规划（2016—2030 年)》的通知

冀农业计发〔2016〕14 号

各市（含定州、辛集市）农业（农牧）局（农工办）、发展改革委（局）、科技局、财政局、国土资源局、环境保护局、水利局、林业局：

《河北省农业可持续发展规划（2016—2030 年)》已经省政府同意，现印发给你们，请结合实际认真贯彻落实。

2016 年 6 月 30 日

河北省农业可持续发展规划（2016—2030 年）

为贯彻落实《关于加快推进生态文明建设的意见》《京津冀协同发展规划纲要》和《全国农业可持续发展规划（2016—2030 年）》，推进我省农业可持续发展，制定本规划。

第 1 章　发展成就与面临形势

1.1　发展成就

1.1.1　农业综合生产能力稳步提升

农业经济总量和质量效益保持平稳增长，主要经济指标长期居于全国前列。2015 年，全省农林牧渔业增加值 3 439.4 亿元，比 2010 年增长 34.2％，主要粮食作物和"菜篮子"产品继续保持稳定增长。粮食播种面积 9 588 万亩，总产量 3 363.81 万吨，比 2010 年增长 13.04％，夏粮实现"十二连增"；果品种植面积 2 737 万亩，居全国第一位，总产量 1 467 万吨，居全国第二位；蔬菜播种面积 2 035 万亩，总产量 8 852.3 万吨，居全国第二位，其中设施蔬菜面积占总播种面积的 51％；禽蛋和奶类产量分别达到 373.6 万吨和 481 万吨，比 2010 年增长 10.2％和 7.1％，产量均居全国第 3 位，肉类产量达到 462 万吨，比 2010 年增长 10.8％，产量位居全国第 5 位；水产品总量 129.3 万吨，比 2010 年增长 21.6％。农民增收实现"十二连快"，连续六年快于城镇居民收入增速，农村居民人均可支配收入达到 11 051 元，农业农村经济发展保持了良好势头。

1.1.2　农业结构调整成效显著

优势产业继续保持稳定发展，畜牧、蔬菜、果品三大优势产业产值占全省农业总产值的比重达到 71％。农业生产力布局趋于合理，主要农产品生产向优势产区集中，形成了粮棉油产业带、七大优势果品基地、四大蔬菜优势产区，畜牧业形成了瘦肉型猪、蛋鸡、肉鸡、肉牛、奶牛、肉羊六大优势产业带，水产业形成了沿海高效型、山区坝上生态型、大中城市周边休闲型三大优势养殖带。

1.1.3 农业资源高效利用初见成效

积极推动耕地、水资源节约高效利用工作，以节地为重点，大力推广立体种养和间作套种技术，粮菜间作、粮果间作、林粮间作、林下经济等种植模式快速发展。以节水为重点，发展微喷、滴灌、管灌等节水灌溉技术，2015 年，农业节水灌溉面积达 4 700 万亩，亩均毛灌溉用水量降低到 198 立方米，农田灌溉水有效利用系数提高到 0.67。推广测土配方施肥和水肥一体化技术，全省测土配方施肥面积 9 400 万亩，水肥一体化面积 700 万亩。开展专业化统防统治（含杂草合鼠害）面积 9 816 余万亩次，覆盖面积 3 860 万亩，其中小麦 1 149.5 万亩，玉米 1 117.3 万亩。建立绿色防控示范区，实施面积 63 万亩。

1.1.4 农林牧渔生态保护建设力度不断加大

——加大渔业资源养护力度。严格执行休渔禁渔和渔船"双控"制度，近海捕捞强度得到有效控制。"十二五"期间累计投入资金 1.78 亿元，在全省海域及内陆大中型湖泊、水库增殖放流中国对虾、三疣梭子蟹、鲢、鳙等各类海淡水苗种 276 亿尾（只）。建设国家级水产种质资源保护区 17 个、海洋牧场示范区 8 万亩、投放人工渔礁 120 万空方。水生生物多样性逐步恢复，渔业水域生态环境不断改善，渔业资源得到有效养护和修复。

——持续实施草原生态保护补助奖励政策。省政府出台了《关于促进半牧区又好又快发展的实施意见》，"十二五"期间落实财政资金 10.98 亿元，在丰宁、围场、张北、康保、沽源、尚义等 6 个半牧区县（含管理区、牧场）实施草原禁牧 1 571.76 万亩，人工草场良种补贴 72 万亩，农牧民生产资料补贴 34.63 万户，草原生态环境恶化的趋势得到基本遏制。

——建立了较为完善的湿地保护体系。建立湿地类型自然保护区 11

处，面积 20.28 万公顷，其中国家级 3 处、省级 8 处；建立湿地公园 50 处，面积 7.47 万公顷，其中国家湿地公园 17 处（含试点），省级湿地公园 33 处。纳入保护体系的湿地面积达 38.64 万公顷，湿地保护率为 41.02％。每年安排 3.29 亿元基金开展重要湿地及林业国家级自然保护区和生态效益补偿。

——野生动植物保护力度不断加强。建立野生动植物自然保护区 34 处、935 万亩，占全省面积的 3.3％。85％的国家重点保护野生动植物物种通过自然保护区得到有效保护。组织开展了陆生野生动物资源和重点保护野生植物资源调查，更新、充实野生动植物资源基础信息。建立国家级农业野生动物保护点 15 个，保护面积 8 235 亩，建立了国内首个农业野生植物资源调查地理信息系统。利用世界野生动植物日、爱鸟周、保护野生动物宣传月、禁猎区和禁猎期，开展形式多样、内容多彩的保护野生动物宣传活动。

——防沙治沙工程成效显著。全省完成防沙治沙工程 1 061.7 万亩。其中京津风沙源治理工程完成 796.5 万亩，三北防护林工程完成 248.8 万亩，全国防沙治沙综合示范区建设项目完成 4.8 万亩，黄河故道沙化土地综合治理项目完成 11.6 万亩，其他工程完成 32.3 万亩。完成张家口市坝上地区退化林分更新改造作业 25 万亩，其中采伐更新 10 万亩、择伐更新 15 万亩。全省土地沙化、荒漠化面积分别减少了 32.8 万亩和 173.5 万亩。

1.1.5　农村环境综合整治工作全面推开

全省实施了农村环境整治"示范"引路工作，重点开展了环境敏感重点区域省定村庄的环境整治提升任务，积极推进生态县、乡镇、村庄等生态细胞工程建设，优选了 82 个片区、668 个村庄，以农村生活垃圾、污水治理为重点，开展农村环境整治，同步实施了道路硬化、环境美化、村庄绿化等，村容村貌等得到明显改观。全省所有村庄完成"四清"（清垃圾、清杂物、清残垣断壁、清庭院）、"四化"（净化、绿化、亮化、美化），赞皇镇、嶂石岩乡等 136 个乡镇获得省级优美城镇称号，平泉、涉县通过省级环保模范城验收。建设国家级农村清洁工程示范村 102 个，农村物业综合管理站 102 处，农田废弃物收集池 1 252 个，街巷垃圾池或废弃物处理池 813 个，污水处理池 3 775 个，完成"四改"建设 4 535 户，建设农村管网 5.5 万米，农村污水和农村垃圾得到有效处理，村容村貌明显提升。

1.2 制约因素

1.2.1 耕地资源硬约束日趋加剧

全省人均耕地仅为 1.4 亩，与全国平均水平基本持平，耕地复种指数高达 140%，用地养地矛盾相当突出，随着工业化、城镇化进程加快，耕地呈刚性减少趋势，后备耕地资源严重匮乏。耕地质量总体状况有所提升，但局部地区仍然存在土壤板结、次生盐渍化、养分失衡等突出问题，中低产田比重达 58%，个别地区土壤还存在重金属污染等问题，给农产品质量安全带来隐患，制约了农业可持续发展。

1.2.2 水资源供需矛盾突出

全省多年平均用水总量为 220 亿立方米左右，一般年份缺水近 50 亿立方米，根据第二次全省水资源评价成果，人均水资源量为 307 立方米，只有全国平均值的 1/7，远低于国际公认的人均 500 立方米的"极度缺水标准"，属于极度缺水地区，其中农业用水占全省用水总量的 70%，农田水利基础设施落后，加剧水资源危机；全省多年平均地下水超采量 60 亿立方米，超采区面积达到 6.7 万平方千米，其中深层超采区达到 4.2 万平方千米，浅层超采区达到 3.4 万平方千米，重叠面积 0.9 万平方千米；降水时空分布不均，降水量自太行山、燕山迎风坡多雨区分别向西北和东南两侧递减，汛期 6~9 月份的降水量占全年降水量的 70%~80%，但缺少配套水资源调蓄设施及条件，洪涝干旱等自然灾害交替发生。

1.2.3 农业面源污染形势依然严峻

——化肥、农药高耗低效问题突出。总体上，全省化肥消费增长率呈下降趋势，但化肥投入量仍然偏大。2015 年，全省农用化肥、农业农药使用量分别为 333.49 万吨、4.1 万吨，用量持续高位，玉米、小麦等主要农作物农药利用率 35%，化肥利用率只有 35%左右，远低于发达国家 50%的水平，造成农田土壤和地下水污染。

——畜禽粪便资源化利用率较低。2015 年，全省畜禽养殖粪便排放量约 1.12 亿吨，生猪、蛋鸡、肉鸡、肉牛、肉羊和奶牛规模化养殖比例分别达到 63.1%、68.2%、75.6%、38.4%、65.1%和 100%，但养殖废弃物处理设施建设相对滞后，配套建设粪污处理设施的规模化养殖场比例仅为 55.1%，大量畜禽粪便未得到有效处理利用，造成农业面源污染。

——病死畜禽无害化处理方式落后。全省每年无害化处理病死猪达到 200 万头左右，在处理方式上，采取化制、发酵、碳化等专业集中无害化处理方式处理约占 30%，采取直接深埋和化尸窖等原始方式处理占到 60%，病死畜禽无害化处理体系和机制建设滞后，任务艰巨。

——农作物秸秆综合利用有待优化。2015 年，全省主要农作物秸秆产生量约 6 176 万吨，综合利用率 95%。目前，农作物秸秆利用方式仍以肥料化和饲料化利用为主，能源化、基料化利用比例有待进一步提高，高值利用方式有待进一步开发。秸秆收储运体系不健全，成功的商业模式较少，部分地区布局不合理。

——地膜残留问题亟待破解。2015 年，全省地膜用量约 6.5 万吨，超薄地膜使用量仍然较大，残膜回收利用政策措施还不完善，当季残膜回收率不足 40%，农田地膜残留污染问题仍然突出。

1.2.4 生态系统比较脆弱

——森林资源总量不足、森林植被破坏问题突出。全省人均有林地面积 1.08 亩，仅为全国平均水平的 1/3，人均活立木蓄积 1.67 立方米，只有全国水平的 1/8；天然林中次生林多，林分质量下降，郁闭度低；人工林中纯林多、混交林少，单层林多、复层林少；局部林分老化退化明显，森林水源涵养、防风固沙、水土保持等生态功能亟待提升。

——防沙治沙任务仍然艰巨。虽然防沙治沙工作已经取得了一定成效，但河北省仍然是全国土地沙化面积大、危害严重的省份之一，土地沙化导致生态环境不断恶化，已经形成了坝上、坝下五大沙滩、永定河中下游、冀西、黄河故道和冀东沿海等六大沙区，一定程度上制约了区域经济发展。全省现有沙化土地 3 188 万亩，占总面积的 11.3％，有明显沙化趋势土地 333 万亩，荒漠化土地 3 204 万亩，占总面积的 11.4％，土地沙化问题仍然突出。

——**草原保护建设仍需加强。**草原生态"局部改善、总体恶化"趋势尚未根本扭转，"三化"草原面积仍有 217 万公顷，占草原面积的 43.3％；天然草原水土流失加剧，草原资源的承载压力不断加大；草原畜牧业经营粗放、管理落后、效益低下等问题还十分突出；草原基础设施建设依然落后。

——**渔业生态环境保护能力急待提升。**渔业资源利用过度，捕捞强度居高不下，经济鱼类种类数量锐减，渔获物低龄、低值、小型化明显；海水水质达标率仅为 62.18％，赤潮频发，海底荒漠化趋势未能得到有效遏制，工业化、城镇化挤压渔业发展空间，破坏渔业生态环境，填海造地、争抢滩涂水面造成"失海""失水"问题突出，鱼虾蟹贝类天然产卵场与栖息地大量丧失，渔业生态环境保护能力急待提升。

1.3　发展机遇

——**党中央系列大政方针指明了新方向。**党的十八大从战略和全局的高度，对推进我国改革开放和社会主义现代化建设、实现全面建成小康社会宏伟目标做出了全面部署，从新的历史起点出发，做出"大力推进生态文明建设"的战略决策。十八届五中全会提出了"创新、协调、绿色、开放、共享"的发展理念，大力推进河北省农业可持续发展，是坚持节约资源和保护环境基本国策的根本实践，也是实现"五位一体"战略布局的必然选择，还是农业现代化的发展方向。

——**京津冀协同发展战略提供了新机遇。**河北环绕京津，区位优势独特，交通便利，既是京津冀区域的"菜篮子"和"果园子"，又是生态屏障，区位优势十分突出。国家实施京津冀协同发展战略，要着力推进生态建设协同，加强资源保育，净化产地环境，全面改善区域农业生态，必将加快政策、资金、科技、人才等资源要素集聚河北，不仅为河北省加快发展现代农业提供强有力的支撑，而且为河北省农业可持续发展提供了难得的战略机遇。

——**农产品市场供给充足创造了新机会。**当前，从国际市场上看，谷物总体上供大于需，大宗农产品库存消费比均处于历史高点，这为利用国际资源、国际市场调剂国内市场供需关系提供了现实可能和操作空间。从国内市场上看，我国主要农产品库存充裕，玉米等农产品库存达到历史高点，国内外经济增长放缓，使农产品出口、消费和加工需求增长有所减弱，农业生产保数量的压力有所缓解，这为推动农业发展由注重数量向数量、质量、效益、生态、安全并重转变赢得了时间。

——**生态环保迫切需求提出了新任务。**2015 年，我国人均 GDP 达到 49 228 元水平，已经进入食品消费结构加快转型升级阶段，社会民众对农产品质量安全问题关注度高、容忍度低，对生态环境保护的意识和自觉性进一步增强，减少化肥农药施用、加强农业面源污染治理的呼声越来越强烈，农业绿色发展、循环发展、低碳发展理念深入人心，为农业可持续发展集聚了社会共识。同时，为农业可持续发展提出了新的任务和要求。

第 2 章　指导思想、发展目标与任务

2.1　指导思想

认真贯彻落实党的十八届三中、四中、五中全会精神，全面落实习近平总书记关于加强生态文明建设和对河北省工作的重要指示，牢固树立保护生态环境就是保护生产力、改善生态环境就是发展生产力的理念，坚持产能为本、保育优先、创新驱动、依法治理、惠及民生的指导方针，紧紧抓住京津冀协同发展重大战略机遇，推动创新强农、协调惠农、绿色兴农、开放助农、共享富农，以建设生态节水型农业强省为目标，按照"一条主线、三个重点、解决三大问题、强化五项支撑"的"1335"发展思路，构建与资源环境承载力相适应、粮食和"菜篮子"产品稳定供应、农业生态保育功能完善的农业可持续发展模式，建成京津冀生态环境大屏障，加快建设经济强省、美丽河北。

围绕**"一条主线"**，就是要以"生态、节水、循环、增收"为主线，

围绕"以水定种、定养"和"生态安全",加快农业结构调整,强化农田节水措施,发展生态循环农业,进一步转变农业发展方式。

狠抓"**三个重点**",就是要优化区域生产力布局,稳定提升农业产能;保护耕地资源,促进农田永续利用;发展生态节水型农业,实现水资源可持续利用。

着力解决"**三大问题**",就是要解决地下水超采、化肥农药过度施用、农业废弃物污染的问题。

强化"**五项支撑**",就是要强化物质装备、科技创新、人才队伍、政策法制、体制机制等支撑保障作用。

2.2　基本原则

——**因地制宜,科学布局。**坚守耕地红线、水资源红线和生态保护红线,以农业资源环境承载力为基准,因地制宜,宜粮则粮、宜经则经、宜草则草、宜牧则牧、宜渔则渔,优化农业生产力布局,提高农业生产与资源环境匹配度,稳步发展有比较优势、区域性特色农业,确保口粮绝对安全和京津冀"菜篮子"产品有效供给。

——**发展优先,生态并重。**综合考虑产业基础、资源禀赋、区位条件等因素,优先发展有比较优势的产业,突出重点品种、重点区域,夯实农业物质装备基础,强化粮食产能提升、农牧渔结合、粮经饲统筹。同时,要兼顾资源承载力和环境容量,推进农业废弃物循环利用和农业面源污染治理,适度有序开展农业资源休养生息,加强农业生态保护与建设,增强农业综合生产能力和防灾减灾能力。

——**创新驱动,协调发展。**坚持以新理念、新思维引领农业向广度和深度发展,大力推进农业科技创新和体制机制创新,释放改革新红利,推进科学种养,着力增强创新驱动发展新动力。优化农业产业结构,以增产增效并重、良种良法配套、农机农艺结合、生产生态协调为基本要求,促进粮经饲三元种植结构协调发展,实现种养平衡发展。推进绿色发展、循环发展,加快农业发展方式转变。

——**市场导向,政府推动。**按照责权利相统一的原则,在健全市场化资源配置机制基础上，建立健全农业资源有偿使用和生态补偿机制。充分发挥政府在农业可持续发展中的推动作用，通过规划引导、政策激励、组织协调、投入支持和执法监管，营造公平公正、诚实守信的市场环境，积极引导鼓励各类社会资源参与农业资源保护、环境治理和生态修复，着力调动农民、企业和社会各方面积极性。

——**依法推进，多措并举。**以法治观念统领贯穿农业可持续发展推进工作，结合省情农情，进一步完善农业资源环境与生态保护法律法规体系，加强法制能力建设，健全执法队伍，实行最严格的制度、最严密的法治，依法促进创新、保护资源、治理环境。同时，制定专门政策措施，按照重点突破、整体推进的思路，先行先试，突破瓶颈，探索全省农业可持续发展的运行机制和模式，整体推进全省农业可持续发展。

2.3 发展目标

到 2020 年，全省农业可持续发展取得显著成效，经济、社会、生态效益明显。农业综合生产能力稳步提升，农业结构更加优化，农产品质量安全水平不断提升，农业资源保护水平与利用效率显著提高，农业环境突出问题治理取得阶段性成效，森林、草原、湖泊、湿地等生态系统功能得到有效恢复和增强，生物多样性衰减速度逐步减缓。

到 2030 年，在全省范围内形成农产品生产保障有力、资源利用高效、产地环境良好、生态系统稳定的农业可持续发展新格局。考核指标如表 2-1所示。

表 2-1 考核指标

序号	考核指标	单位	现状值（2015 年）	目标值（2020 年）	目标值（2030 年）
一	耕地资源量及其利用水平				
1	耕地保有量	万亩	9 790.6	9 080	—
2	耕地基础地力提升等级	—	—	0.5	1
3	保护性耕作面积	万亩	300	1 000	3 000
4	高标准农田总面积	万亩	2 420	4 678	4 678

（续）

序号	考核指标	单位	现状值（2015年）	目标值（2020年）	目标值（2030年）
5	农田林网控制率	%	85	90	98
二	水资源量及其利用水平				
6	农业灌溉用水总量	亿立方米	135.2	130	100
7	农田有效灌溉面积	万亩	6 606	6 606	6 606
8	农田灌溉水有效利用系数	—	0.67	0.675	0.68
9	退减地下水超采量	亿立方米	10.64	54	59.65
三	农业废弃物量及其利用水平				
10	农作物秸秆综合利用率	%	95	96	98
11	畜禽粪便综合利用率	%	60	75	90
12	病死畜禽集中无害化处理率	%	<20	100	100
13	水产养殖废水处理利用率	%	—	60	80
四	农业投入品量及其利用水平				
14	化肥利用率	%	35	40	45
15	农药有效利用率	%	35	40	50
16	残膜回收率	%	<40	≥80	≥90
五	生态建设				
17	林地保有量	万亩	11 085	11 085	11 085
18	森林覆盖率	%	31	35	≥35
19	草原综合植被盖度	%	65	72	75
20	湿地保护率	%	41.02	≥42	≥45
六	物质装备				
21	耕种收综合机械化水平	%	74.7	≥80	≥85
七	科技推广				
22	农业科技进步贡献率	%	56	60	65

2.4 主要任务

2.4.1 发展生态节水型农业，实现水资源可持续利用

构建用水总量、用水效率和水功能区限制纳污"三条红线"控制指标体系，实施最严格的水资源管理制度，加强水功能区监督管理，加大地下

水超采综合治理力度。优化农业种植结构和布局，发展旱作农业，大力推广耐旱、稳产、优质农作物品种，压减高耗水作物种植面积，加快农业高效节水体系建设，推进生态高效节水型农业发展，提高水资源利用效率。推进规模化畜禽养殖场污水处理再利用。鼓励和引导水产养殖节水减排，重点支持废水处理和循环用水等环保设施装备的升级改造。

2.4.2 严格保护耕地资源，保持农田持续生产能力

稳定耕地面积，在已有划定基本农田工作的基础上，将城镇周边、交通沿线现有易被占用的优质耕地优先划为永久基本农田，坚决守住耕地保护红线，严控新增建设占用耕地。实施耕地质量保护与提升行动，加快高标准农田建设，完善农田水利、道路、林网等配套设施，改善耕地基础条件，提高全省耕地基础地力等级。严格控制农业外源性污染，防治耕地污染。逐步建立和完善休耕轮作制度，开展年度休耕和区域轮作试点，推进粮草轮作，发展青贮玉米、苜蓿等饲草作物，改善饲草结构，促进草食畜牧业发展。

2.4.3 推进化肥农药减施，保障农产品产地环境安全

推进测土配方施肥，优化肥料结构，改变传统施肥方式，全面实施小麦、玉米秸秆还田，利用土壤调理剂改良盐渍化土壤，遏制盲目施肥和过量施肥。实施农药减量控害，推广生物、物理等绿色防控技术以及先进施药机械，施用高效低毒低残留农药，实施病虫害统防统治，扶持病虫害专业化防治服务组织。完善产地环境监测和评估体系，建立产地环境监测站点，推进产地环境监测能力提升，搭建产地环境数据管理系统平台。

2.4.4 推行农业废弃物资源化利用，改善生态环境

推进规模化畜禽养殖粪污能源化、肥料化利用，加快现有规模化养殖场改造，推广畜禽养殖粪污资源化利用技术模式。建设病死畜禽无害化处理体系。全面推广秸秆肥料化、饲料化、基料化、原料化和能源化等"五化"利用技术模式，建立秸秆收储运体系，落实秸秆收储运、加工等金融和补贴政策，推动秸秆综合利用产业化发展。做好农田残膜回收资源化利用工作，推广使用 0.01 毫米及以上厚度地膜，建立废弃地膜回收利用体

系，示范推广可降解地膜。开展农村环境综合整治，创建生态村镇和美丽乡村。推进农业清洁生产，建立农业清洁生产示范区。

2.4.5 加强农业生态保护与修复，提升生态功能

因地制宜开展育林和造林工作，加强森林生态系统保育和可持续经营，建立完善的平原农田防护林体系。促进草原生态功能的恢复和提升，实行草原生态补奖政策，推行禁牧休牧、划区轮牧、牲畜舍饲圈养等，加强草原自然保护区建设。保护和修复水生态环境，落实渔业资源保护措施和水域生态补偿机制，严格执行休渔禁渔制度，加强海洋渔业生态环境监测能力建设。完善野生动植物资源监测预警体系，加强野生动植物保护区（点）建设，保护生物多样性。加强对外来物种引入的评估和审批，严格防范外来物种入侵。

2.4.6 加快科技推广应用，推动创新发展

着力解决农业用水低效、土壤污染趋重、农业废弃物利用程度不高、农业面源污染问题突出、生态环境功能不强等问题，加强新技术、新成果示范推广，建立完善生态补偿、农业资源市场化配置、循环农业发展激励、农业污染监管等机制，推动科技创新驱动，实现农业资源合理利用和生态环境保护。

2.4.7 探索农业可持续发展模式，开展试点示范

统筹考虑不同区域不同类型的资源禀赋和生态环境，围绕地下水超采、农业面源污染等突出问题开展示范创建工作，着力解决制约农业可持续发展的技术难题，着力构建有利于促进农业可持续发展的运行机制，探索总结可复制、可推广的成功模式，因地制宜、循序渐进地扩大示范推广范围，稳步推进全省农业可持续发展。

第3章　区域布局

综合考虑全省各地农业资源承载力、环境容量、生态类型和发展基础等因素，将全省划分为重点发展区、优化发展区和保护发展区，按照因地制宜、梯次发展、分区施策的原则，确定不同区域的农业可持续发展方向

和重点。

3.1 重点发展区

包括环京津都市圈、山前平原区、黑龙港区，是全省粮食和重要农产品主产区，农业地位突出，农业生产潜力大，科技力量强，对稳定粮食产能，保障优质农产品供应具有重要的战略地位。但是，农业投入品过量使用、资源循环利用程度不高、地下水超采严重等问题依然存在。该区域要坚持产能为本、兼顾生态、种养结合，在确保口粮绝对安全和优质农产品保障供应能力稳步提升的前提下，保护好农业资源和生态环境，实现生产稳定发展、资源永续利用、生态环境友好。

——**环京津都市圈**。包括环北京、天津的 27 个县（市、区），涉及张家口、承德、唐山、沧州、廊坊、保定 6 个地级市，本区域紧邻京津，社会资本活跃，优质农产品需求量大，对生态环境要求较高。该区域以化肥农药减施、农业废弃物循环利用为重点，强化京津"菜篮子"产品供给保障能力，发展休闲观光农业，建设环京津生态保育圈。

表 3-1　环京津都市圈布局一览表

张家口（3）	赤城、怀来县、涿鹿县
承德（4）	滦平县、兴隆县、丰宁县、承德县
唐山（5）	玉田县、丰南区、遵化市、曹妃甸、丰润区
沧州（2）	青县、黄骅市
廊坊（10）	安次区、广阳区、香河市、三河市、大厂县、固安县、永清县、霸州市、大城县、文安县
保定（3）	涿州市、涞水县、高碑店市

——**山前平原区**。包括两山（燕山、太行山）山前平原区 58 个县（市、区），涉及唐山市、保定市、石家庄市、邢台市和邯郸市 5 个地级市。该区域属黄淮海平原农产品主产区，农业地位突出，农村人口集中，水土条件好，科技力量强，以"小麦—玉米"种植为主，是河北省粮食高产区和主产区，也是河北省重要的菜、肉、蛋、奶集中产区。该区域以绿色增产模式推广、耕地质量提升、生态经济林建设和农业废弃物资源化利

用为重点，建设山前平原高产农业区。

表 3-2　两山山前平原区布局表

唐山市（6）	路南区、路北区、古冶区、开平区、迁安市、滦县
保定市（17）	新市区、高碑店市、徐水区、定州市、清苑区、望都县、满城县、顺平县、定兴县、高阳县、容城县、安新县、蠡县、博野县、雄县、安国市、曲阳县
石家庄市（18）	长安区、桥东区、桥西区、新华区、裕华区、行唐县、深泽县、无极县、元氏县、赵县、晋州市、辛集市、藁城市、新乐市、鹿泉市、高邑县、栾城县、正定县
邢台市（7）	桥东区、桥西区、柏乡县、隆尧县、任县、南和县、宁晋县
邯郸市（10）	邯山区、丛台区、复兴区、邯郸县、成安县、临漳县、磁县、鸡泽县、广平县、永年区

——**黑龙港区**。包括黑龙港流域的 39 个县（市、区），涉及沧州市、衡水市、邢台市和邯郸市 4 个地级市。该区域属黄淮海平原农产品主产区，是全省重要的粮、棉、蔬、果生产集中区，农业需水量较大。该区域以地下水超采治理、耕地质量提升为重点，以发展节水高效农业为主攻方向，突出优质高效、生态修复功能，建设黑龙港高效节水农牧区。

表 3-3　黑龙港区布局表

沧州市（14）	新华区、运河区、泊头市、沧县、东光县、南皮县、吴桥县、献县、河间市、任丘市、肃宁县、海兴县、孟村县、盐山县
衡水市（11）	深州市、枣强县、武邑县、武强县、饶阳县、故城县、景县、阜城县、冀州区、桃城区、安平县
邢台市（8）	新河县、巨鹿县、清河县、平乡县、临西县、广宗县、威县、南宫市
邯郸市（6）	大名县、馆陶县、魏县、曲周县、邱县、肥乡区

3.2　优化发展区

包括两山（燕山、太行山）地区、冀北坝上和接坝地区、环渤海地区，是京津冀重要水源地，是河北林业和生物多样性保护重点区，更是京津冀地区生态屏障。夏季蔬菜、杂粮、马铃薯、食用菌、中药材、水果等精细化产业特色鲜明，草食畜牧业规模优势明显，水产品养殖集聚，休闲观光农业初具产业形态。但是，生态环境脆弱，贫困人口集中，农业基础设施相对薄弱。该区域要坚持发展与保护并重，立足资源环境禀赋，以发展生态保育型农林牧渔业为主攻方向，适度挖掘潜力、集约节约、有序利用，提高资源利用率。

——**两山（燕山、太行山）区**。包括冀北燕山山区和冀西太行山山区36个县（市、区），涉及唐山市、秦皇岛市、承德市、张家口市、石家庄市、保定市、邢台市和邯郸市8个地级市。该区域产地环境优良，生物资源丰富，属河北省重点生态功能区。2022年冬奥会将在北京和张家口地区举办，为该区域开发绿色生态资源，发展生态旅游产业提供了难得机遇。该区域以发展草食畜牧业、山区沟域经济为重点，建设生态保育型农业区。

表3-4　两山（燕山、太行山）区布局表

唐山市（1）	迁西县
秦皇岛市（2）	青龙县、卢龙县
承德市（6）	双桥区、双滦区、鹰手营子矿区、宽城县、平泉市、隆化县
张家口市（10）	桥东区、桥西区、宣化区、下花园区、崇礼区、阳原县、蔚县、怀安县、万全区、宣化区
石家庄市（5）	井陉县、井陉矿区、灵寿县、平山县、赞皇县
保定市（5）	阜平县、唐县、涞源县、易县、涞水县
邢台市（4）	沙河市、邢台县、内丘县、临城县
邯郸市（3）	峰峰矿区、武安市、涉县

——**冀北坝上和接坝地区**。包括冀北坝上和接坝地区6个县、3个管理区（场），涉及张家口市、承德市2个地级市。该区域草场资源丰富，以奶牛、肉牛、肉羊为主的草食畜牧业规模优势明显，是滦河、潮河和白河的发源地，也是水资源缺乏地区。该区域以农业结构调整、农业生态修复为重点，建设生态农牧结合种养基地。推行科学轮牧、休牧和季节性禁牧，严禁超载过牧，兼顾生态涵养，治水、治沙、治污染，建设冀西北生态环境支撑区。

表3-5 冀北坝上和接坝地区布局表

张家口（4）	张北县、康保县、尚义县、沽源县、察北管理区、塞北管理区
承德（2）	丰宁县、围场县、御道口牧场

——**环渤海地区**。包括环渤海地区11个县，涉及秦皇岛市、唐山市、沧州市3个地级市。该区域临渤海湾，是华北、西北地区重要的出海口和对外开放门户，是全省主要的水产品集中生产区。该区域以发展优质水产、恢复水生生态环境为重点，建设沿海水产经济带，适度发展休闲渔业。

表3-6 环渤海地区布局表

秦皇岛市（5）	山海关区、海港区、北戴河区、昌黎县、抚宁区
唐山市（4）	乐亭县、滦南县、曹妃甸区、丰南区
沧州市（2）	海兴县、黄骅市

3.3 保护发展区

包括全省境内的内陆湖泊湿地水库，滦河、潮河和白河水源地，坝上防风固沙重点区域。该地区是河北省重要水源、生态和生物多样性保护区，在生态建设方面具有特殊重要的战略地位，但仍存在生态破坏严重，水资源开发过度等问题，应在重点保护的前提下，兼顾发展绿色农业。

——**内陆湖泊湿地水库**。包括全省境内内陆湖泊、湿地及其周边地区，涉及白洋淀、衡水湖以及饮用水水源地。划定生态红线，通过"引""控""管""迁"等综合治理措施，强化湖泊湿地华北平原"肾"功能，适度发展湿地养生农业。以白洋淀、北戴河、衡水湖、察汗淖尔、康巴诺尔等项目推进为重点，强化湖泊污染治理。对北戴河等沿海湿地开展重点恢复，发挥其入海水质净化、候鸟迁徙通道等湿地功能；开展京南湿地建设，加强保护和退耕还湿，拓展环京津生态空间；对张承两地坝上地区湿地实施严格保护。

——**水源涵养区**。以饮用水源地和滦河、潮河、白河等重要河流源头及两岸保护为重点，恢复森林、草原、湿地等生态系统，加大水源涵养林建设力度，提高水源涵养能力。禁止过度放牧、无序采矿、毁林开荒等行为。严格限制河流源头及上游地区发展高污染产业。持续加强水源地生态环境监测能力建设。

——防风固沙重点区域。 以冀北防护林、天然林资源保护、京津风沙源治理、燕山太行山绿化等生态工程建设为重点，巩固退耕还林还草成果，加强森林管护，保护天然草场植被。对主要沙尘源区、沙尘暴频发区实行封禁管理，加大沙化和退化土地治理力度。重点对太行山和燕山重要水源地范围内的 25°以上陡坡耕地和严重沙化耕地实施退耕还林工程，采取工程和生物等措施，加大水土流失治理力度。加快已开发矿山、矿区生态恢复。

第4章　强化水资源保护

4.1　思路目标

确立水资源开发利用控制红线，严格控制用水总量、用水效率和水功能区"三条红线"，大力推广管道输水灌溉、渠道防渗、喷灌、微灌等节水技术，发展生态节水型种养模式，提高灌溉水利用效率，加大地下水超采综合治理力度。

到 2020 年，农业灌溉用水总量控制在 130 亿立方米内，比 2015 年压减 5.2 亿立方米，农田灌溉水有效利用系数达到 0.675，有效灌溉面积 6 806 万亩。到 2030 年，农业灌溉用水总量保持在 100 亿立方米，比 2015 年压减 35.2 亿立方米，农田灌溉水有效利用系数 0.68，全省有效灌溉面积达到 6 906 万亩左右。

4.2　主要措施

4.2.1　确立水资源利用控制红线

严格执行水资源"三条红线"控制指标的要求，加强水资源监控能力建设，开展水量、水位、水质市界断面和省水资源信息管理平台"四网一平台"建设。严格执行地下水开发利用"红线"制度。严格水功能区监督管理，加强饮用水水源保护，推进水生态系统保护与修复。开展水环境综合治理，推动滦河、潮河、白河三大水系水源地保护，加快实施重点水库上游水土保持生态环境建设。

4.2.2 推广生态节水型种养模式

在两山及冀北坝上和接坝区，实施旱作节水与农田灌溉节水并重，推广低耗水、高效益作物及品种，完善山坡地雨水截获利用技术与装备，推广生物、农艺、工程、管理四位一体的高效节水灌溉集成技术模式，退减部分灌溉面积，实行休耕，并推广旱作农业技术；在山前平原区，推广节水灌溉机械，推行水肥一体化技术，大力推广节水抗旱品种和综合节水保墒技术，适当调减小麦种植面积，扩大食用菌、苜蓿、油葵种植面积；在黑龙港流域，适当压缩耗水农作物的种植面积，扩大经济作物和饲料作物的种植面积，推广保墒节水耕作技术；在环渤海沿海地区，推广田间节水灌溉新技术、主要农作物高效节水灌溉技术、雨水资源化高效利用技术、保护性耕作技术、蓄水保墒覆盖技术等；组装集成一批适合本地的节水农业技术模式。

加大高效节水灌溉工程、地表水替代地下水灌溉工程和集雨蓄水灌溉工程实施力度，加快微咸水开发利用工程建设，利用南水北调中线工程通水后部分城市返还农业及渠灌区提升改造增加的水量，将农业灌区内部分井灌区治理为渠灌区或井渠双灌区，同时，科学实施微咸水与地表水轮流灌溉或混合灌溉。

在冀中南、冀东北等规模化畜禽养殖密集区域，改水冲粪为干清粪、改无限用水为控制用水、改明沟排污为暗道排污，实行固液分离、雨污分离，减小污水产生量和处理难度。采用厌氧消化、好氧处理以及厌氧-好氧处理组合系统处理等技术措施，实现养殖污水减排和资源化循环利用。实施工厂化水产养殖废水循环利用改造，鼓励发展循环水养殖，支持改造养殖车间大棚、室内循环水设施设备。

4.2.3 加强地下水超采区治理

贯彻落实最严格水资源管理制度和《河北省地下水管理条例》，强力推进农业水价、水权、水管体制改革和基层水利服务体系建设，严格地下水超采区、禁采区和限采区管理，加快地下水水位、水量监控体系建设，推进农业水价综合改革，推行"定额管理，超额加价"和"一提一补，全额返还"等水价管理模式，逐步推行节水精准补贴机制，引导农业节约用水。在石家庄、张家口、唐山、廊坊、保定、沧州、衡水、邢台、邯郸等9个设区市115个县（市、区），大力实施地下水超采治理。积极发展旱作节水农业，推广保护性耕作、集雨增墒、地膜覆盖、激光平地等节水保墒技术，控制高耗水作物面积，大力发展抗旱耐旱作物和节水品种，建立与水资源相匹配的农业种植结构，实现良种良法配套。大力推广不同灌溉方式的水肥一体化高效节水技术，提高水资源利用效率。加大高效节水灌溉工程、地表水替代地下水灌溉工程和集雨蓄水灌溉工程实施力度，加快微咸水开发利用工程建设，持续提高农业生产节水能力。利用南水北调中线工程通水后部分城市返还农业及渠灌区提升改造增加的水量，将农业灌区内部分井灌区治理为渠灌区或井渠双灌区，同时，科学实施微咸水与地表水轮流灌溉或混合灌溉，实现生产用水与生态养护良性结合。

第5章 严格保护耕地资源

5.1 思路目标

树立耕地保护"量质并重"和"用养结合"理念，坚持生态为先、建设为重，加快划定永久基本农田，建设高标准农田，推行休耕轮作，实施土壤污染防治和修复，推进工程、农艺、农机措施相结合，依托新型经营主体和社会化服务组织，构建耕地质量保护与提升长效机制，保护与提升耕地质量，奠定粮食和农业可持续发展的基础。

到2020年，全省建设高标准农田4 678万亩，提高耕地基础地力和产出能力，耕地基础地力提升0.5个等级。到2030年，耕地基础地力提升1个等级以上。

5.2 主要措施

5.2.1 建设高标准农田

通过对农村土地整治建设，实施田、水、路、林、村综合整治，形成集中连片、设施配套、高产稳产、生态良好、抗灾能力强、与现代农业生产和经营方式相适应的基本农田，提升粮食生产增产增收的硬件条件。以粮食主产县、农业优势特色产业聚集地、现代农业综合开发示范地等为重点，打造 4 000 万亩粮食生产核心区，开展土地平整，适度归并田块，建设灌排配套的田间水利设施，修建农田道路、农田防护林、输配电设施，推广应用先进适用耕作技术，建立旱涝保收、高产稳产的高标准农田。

5.2.2　培肥耕地地力

开展改良土壤、培肥地力和养分平衡，防止耕地退化，提高耕地基础地力和产出能力，粮食产出率稳步提高。增施有机肥、实行秸秆粉碎还田、秸秆集中堆沤腐熟还田、畜禽粪便堆肥还田等措施培肥地力；实施深耕深松，打破犁底层，防止土壤板结，提高土壤保水保肥能力；改造中低产田，开展土壤盐渍化治理，防止水土流失，提高耕地地力；开展建设占用耕地的耕作层剥离试点，重点用于土地开发复垦、中低产田改造等。

5.2.3　推行休耕轮作

实施年度休耕，在北部农牧交错区，发展休耕与轮作生产制度，改变生态资源损耗的农田粮油生产方式，通过蓄水固土的绿肥与地被植物生产，培育土地水养资源、营建美丽生态景观；在张家口、承德坝上地区开展年度休耕试点，重点对种植燕麦、亚麻等作物的耕地，实行 2～3 年的休耕、1 年种植耕作模式，实施绿肥、饲料作物替代，养护地力、蓄水固土。实施区域轮作，在低平原地下水超采区，发展以季节性休耕与节水轮作为主的生产制度，从一年两熟高强度的水土资源超载生产转变为两年三熟、一年一熟生产，通过发展豆科、饲草、饲料与农作物轮作生产，均衡利用地力，促进区域农田水资源平衡生产；在地下水严重超采的沧州、衡水、邢台、邯郸 4 市每个市选择 2 个县开展试点工作，适当压低当前复种指数，降低灌溉频次，减少地下水开采，减轻对土壤养分的消耗，将冬小麦、夏玉米一年两熟的种植模式，改为粮饲、粮豆、粮油等交替种植模式，季节性休耕和轮作倒茬结合，粮食作物与豆科作物交替种植，促进种地养地结合。同时，积极推进粮草轮作，大力发展青贮玉米、苜蓿等饲草作物，改善饲草结构，促进草食畜牧业发展。

5.2.4 推进重金属阻控修复

加快开展耕地重金属普查加密工作，开展耕地污染治理修复，控制土壤重金属污染源，严禁污灌，防控城市垃圾流入，控制有机肥、化肥、农药、饲料添加剂中的重金属污染，构建完善的耕地环境监测预警系统。建立土壤样品库和产地安全质量档案，积极推进农产品产地划分。在耕地轻度污染区域推广适宜农艺措施，种植低积累作物；在中度污染区域推广重金属钝化剂、阻抗剂以及生物修复技术；在重度污染区域限制农产品生产，推广土壤置换、混合淋洗等技术措施。

第6章　着力治理农业面源污染

6.1 思路目标

以实施化肥减施增效、农药增效控害、产地环境监测和农村环境综合整治等重点工程为抓手，有效治理农业面源污染，保障全省农业生产安全、农产品质量安全和生态环境安全，促进农业可持续发展。

到 2020 年，全省主要农作物肥料利用率达到 40％以上；农药利用率达到 40％以上；农村环境综合整治覆盖全省 85％以上农村。到 2030 年，全省主要农作物肥料利用率达到 45％以上；农药利用率达到 50％以上；农村环境综合整治覆盖全省 90％以上农村。

6.2 主要措施

6.2.1 推进化肥减施增效

根据不同区域土壤条件，推进精准施肥，调整优化化肥施用结构，改进施肥方式，实现有机肥替代，在全省主要农作物产区实现测土配方施肥技术，测土配方覆盖面积达到 90％，机械化施肥占主要作物种植面积的 45％以上。利用新型高效肥料研发平台，开发新型高效肥料，重点示范推广机械化施肥，提高施肥装备水平；推广水肥一体化技术，集成推广粮食作物高效增产施肥、蔬菜果树减量增效施肥、棉花一次施肥增产等技术模式。到 2020 年，全省建设标准化配方肥供应网点 150 个，测土配方施肥技术应用面积达到 1.2 亿亩（次），全省化肥用量实现零增长。

6.2.2 实施农药减量控害

在小麦主产区，推广药剂拌种、"一喷三防"、精准施药和高效施药机械防治技术，到 2020 年推广面积达到 3 000 万亩以上。在玉米主产区，推广玉米大喇叭口期至乳熟初期"一喷多效"集成技术，配套植保航空飞行器等先进高效施药机械装备，到 2020 年推广面积达到 4 200 万亩以上。在蔬菜主产区，推行"四诱"防控技术和防虫网、生物防治等绿色防控措施，选用生物农药或高效低毒低残留化学农药，推行高效施药机械防治技术，到 2020 年，实现绿色防控全覆盖，农药用量零增长。在棉花主产区，推广抗虫、抗逆品种，应用绿色防控技术，到 2020 年推广面积达到 350 万亩。建设专业化统防统治示范县和绿色防控示范区，创建融合基地 25 个。

6.2.3 开展产地环境监测

健全 1 个省级和 13 个（11 个设区市和定州、辛集市）市级农业环境监测实验室，建设 20 个区域农业环境检测中心，装备配套的检测设备和设施，全面开展产地环境污染监测。健全产地环境安全预警系统，完善产地环境安全预警制度，对全省不同类型区产地环境开展长期定位监测，建立产地长期监控点位，每 1 万亩建立 1 个长期监控点位，对产地土壤、灌溉水和农产品进行监测，实现全省产地环境质量的动态监控。

6.2.4 推动农村环境综合整治

在农村饮用水源地周边设立警示标志、防护栏，建设防护带、截污设施。建设农村污水处理工程，城市周边的村庄建设收集管网将污水纳入城镇污水统一处理系统，有条件的乡镇和规模较大的村庄建设集中污水处理设施，居住分散的村庄进行分散式污水处理设施建设。到 2020 年，有条件农村的生活污水基本得到有效治理。各村配置垃圾箱、垃圾池等收集设施，建设垃圾转运站、运输车辆等转运设施和无害化处理设施。到 2020

年，全省农村生活垃圾收集处理率达到 90％以上。

第7章　做深农业废弃物资源化利用

7.1　思路目标

以环境资源承载力为基准，围绕农作物秸秆、畜禽粪便、农用地膜循环利用科学布局，依靠科技进步，加大资金投入，深入开展作物秸秆"五化"利用、规模化养殖畜禽粪便资源化高效利用、地膜回收再利用和农业清洁生产等工作，为打赢农业面源污染防治攻坚战奠定基础。

到 2020 年，全省建立完善的秸秆收储运体系，形成多元化、产业化利用模式，秸秆综合利用率稳定保持在 96％；畜禽粪便综合利用率达到 75％；农用废弃地膜回收率达到 80％以上。到 2030 年，秸秆综合利用率达到 98％；畜禽粪便综合利用率达到 90％；农用废弃地膜回收率达到 90％以上。

7.2　主要措施

7.2.1　推进作物秸秆"五化"利用

实施秸秆肥料化、饲料化、能源化、基料化、原料化利用。一是秸秆肥料化利用。在全省大部分地区，实施秸秆机械化直接还田，推广秸秆粉碎还田机、小麦联合收获机、玉米联合收获机、青饲料收获机械，采用生物菌剂快速腐熟还田和秸秆堆沤还田技术模式，实施秸秆腐熟堆沤还田。到 2020 年，小麦秸秆机械还田基本实现全覆盖，玉米秸秆还田率提高 8 个百分点。二是秸秆饲料化利用。在环京津都市圈、山前平原区、黑龙港流域的牛羊集中养殖区，推广秸秆饲料订单生产方式，推进秸秆饲料化利用，巩固秸秆青贮、突破微贮，积极推广带穗青贮、添加剂青贮和秸秆压块打捆等技术。到 2020 年，秸秆饲料化利用总量达到 2 000 万吨。三是秸秆能源化利用。全面推广高效清洁燃烧炉具及其他秸秆能源化利用方式，在小麦、玉米、棉花等农作物主产区，推广固定式或移动式成型燃料生产设备，配合林业三剩物和菌糠等资源，加工生物质燃料。推广秸秆成型燃料、秸秆气化、秸秆沼气等技术，推行生物质成型燃料锅炉供热。到

2020 年，秸秆能源化利用 600 万吨以上。四是秸秆基料化利用。在环京津都市圈和黑龙港地区，配套建设秸秆粉碎加工厂、粪草腐熟培养料加工厂和秸秆栽培食用菌标准园。到 2020 年，利用秸秆栽培食用菌面积发展到 50 万亩，基料化利用总量达到 440 万吨。五是秸秆原料化利用。重点在黑龙港地区利用棉秆的秆皮、秆芯生产工业用纤维。到 2020 年，秸秆原料化利用 25 万吨以上。

7.2.2 开展畜禽粪便资源化利用

所有规模化畜禽养殖场（小区）全部配套建设粪便污水贮存、处理、利用设施，散养密集区实行畜禽粪便分户收集、集中处理利用，支持规模化畜禽养殖场（小区）建设畜禽粪便收集和处理设施 2 000 处，提高畜禽粪便收集和处理机械化水平，实施雨污分流、粪便资源化利用。针对不同养殖规模和土地消纳能力，对畜禽粪便实行分类治理技术。在周边土地宽广的养殖场推广种养结合技术模式，畜禽粪便经发酵腐熟后用于农业生产；在周边有足够的土地能完全消纳利用厌氧消化剩余物的养殖场推广沼气发酵-沼渣沼液循环利用模式；在周边土地有限的养殖场推广干清粪-粪便生产有机肥模式；在养殖分布密集区域推广集中处理中心模式，实行粪污分户收集、集中处理。到 2020 年，畜禽粪便资源化利用率达到 75%。

7.2.3 建设病死畜禽无害化处理体系

按照推进生态文明建设的总体要求，以及时处理、清洁环保、合理利用为目标，坚持统筹规划与属地负责相结合，政府监管与市场运作相结合，财政补助与保险联动相结合，集中处理与自行处理相结合，建设覆盖所有县（市、区）饲养、屠宰、经营、运输等各环节的病死畜禽无害化处理体系，构建科学完备，运转高效的病死畜禽无害化处理机制。到 2020 年，在全省范围内新建 50 个病死畜禽无害化处理场（厂）和与之相配套的病死畜禽无害化处理收集体系，全省采用化制、发酵、炭化技术的无害化处理病死畜禽比例达到 100%。

7.2.4 建设地膜回收再利用体系

落实好国家地膜回收利用扶持政策，加强市场监管，鼓励农民使用厚度大于 0.01 毫米代替超薄地膜，在冀北坝上和接坝地区、山前平原区和黑龙港流域的蔬菜、棉花种植地区，建立 45 个标准膜科学使用核心示范区，通过辐射带动，到 2020 年，全省蔬菜、棉花种植实现标准膜全覆盖。在地膜问题突出县，引导建设 45 个废旧地膜回收加工企业，废旧地膜加工生产再生颗粒能力达到 9 000 吨以上；以废旧地膜加工企业为龙头，建立回收网点，每个回收网点回收能力按照覆盖 2 万亩的能力建设，到 2020 年，全省新增 300 个回收点，建成覆盖地膜使用重点区域的回收体系。

7.2.5 实施农业清洁生产

按照"源头控制、过程清洁、末端利用"的原则，统筹协调畜牧、种植、水产各产业平衡发展，建立不同类型农业清洁生产示范区。加快农业清洁生产技术研究应用，提高农业资源和农业投入品利用率，加大农业废弃物资源化利用力度，建立完善农业清洁生产技术规范和标准体系，积极探索农业面源污染综合防治长效机制。到 2020 年建设 50 个农业清洁生产示范区，新创建水产健康养殖示范场 40 处，重点示范推广工厂化循环水养殖、池塘多品种生态混养及大水面网箱养殖底排污等水产养殖技术，实现渔业清洁生产。

第8章 做好农业生态保护与修复

8.1 思路目标

以修复农业生态、提升农业生态功能为目标，启动全省新一轮退耕还林还草项目，增强森林生态功能，有效治理水土流失，加强草原保护与建设，修复水域生态，实施农业生物资源保护。

到 2020 年，农业生态系统服务与保障功能显著增强，生态补偿长效机制逐步完善，治理水土流失面积 1.1 万平方千米。

8.2 主要措施

8.2.1 继续做好沙漠化治理

启动新一轮退耕还林，对太行山、燕山两山范围内的 25°以上陡坡耕地、重要水源地、15°～25°坡耕地和严重沙化耕地实施退耕还林工程。采取"自下而上、上下结合"的方式，省政府对退耕还林还草负总责，在农民自愿申报退耕还林还草任务基础上，按国家确定的补助标准给予补助；继续实施好京津风沙源治理、三北防护林、太行山绿化、沿海防护林和京冀生态水源保护林等重点造林项目，加快宜林荒山荒地绿化和沙化土地治理，在坝上风沙区、燕山太行山水源区、京津保城市间生态过渡带、沿海经济隆起带等重点地区建成具备防风固沙、涵养水源、保持水土、减灾防灾、美化环境等功能的绿色生态屏障；在坝上地区对衰死、濒死、生长不良杨树防护林进行采伐更新、择伐补造、抚育改造，对生长较好的杨树防护林进行全面管护；以太行山、燕山地区为重点，实施坡改梯、营造水土保持林、发展经果林、封禁治理，建设谷坊坝、蓄水池、护地堤等小型水利水保设施等项目。

8.2.2　加强草原保护与建设

划定草原保护红线 1 571 万亩，继续实施京津风沙源草地治理、新一轮退耕还草等重大生态工程项目，实施新一轮草原生态保护补助奖励政策，启动再造坝上草原行动计划；开展草原自然保护区建设，建设草原虫鼠害监测和防治、防灾物资保障及指挥体系等基础设施。在农牧交错带开展已垦草原治理，平整弃耕地，建设旱作优质饲草基地，扩大紫花苜蓿、箭筈豌豆、黑麦草、燕麦和饲用玉米等高产饲草饲料作物种植面积，恢复草原植被。

8.2.3　加大湿地保护力度

建立以湿地自然保护区、湿地公园以及湿地多用途管理区为主体的湿地保护体系，对已建的湿地保护区进行总体规划，加强基础设施建设，提高管理水平；重点对白洋淀、东淀、文安洼等洼淀湿地加快实施退耕还湖、退场还湖，以及湿地植被恢复、栖息地修复、生态补水等综合治理措施，逐步恢复湿地受干扰前的结构、功能及相关特性。

8.2.4　推进水域生态修复

在水源涵养区，通过控源、截污、清淤、增容、拓岸、巩绿、造景、营栖等方式，整治生态河道和农村沟塘，改造渠化河道，治理和修复河道污染，削减污染物，推进水生态修复。开展水生生物资源环境调查监测，配置海洋渔业资源调查船。在近海和大中型水域开展渔业增殖放流，建设人工鱼礁、海藻场、海草床等。推进水产养殖污染减排，升级改造养殖池塘，改扩建工厂化循环水养殖设施，发展离岸网箱养殖。继续实施渔业转产转业及渔船更新改造项目，加大减船转产力度。

8.2.5 开展农业生物资源保护

建设一批农业野生植物自然保护区，包括野生植物原生境保护区、国家级畜禽种质资源保护区、水产种质资源保护区、水生生物自然保护区等，主要建设核心区和缓冲区，建设内容主要包括隔离设施、警示设施、看护设施、排灌设施以及配套设备等。依托湿地公园、大型水库等建立野生动物疫源疫病监测站，保障湿地和野生动物疫情监测。建设外来入侵物种综合防控区。建立农业野生生物资源监测预警中心、基因资源鉴定评价中心和外来入侵物种监测网点，强化农业野生生物资源保护，建设内容包括农业野生植物资源和外来物种监测业务用房，监测信息管理系统，配套野外调查和监测检测仪器及设备等；加强农业转基因技术研发和监管，为转基因作物推广提供安全保障。

第9章 加强科技与机制创新驱动

9.1 思路目标

遵循"创新发展"的理念，着力突破水土资源高效利用、废弃物循环利用、化肥减施增效、农药增效控害、生态环境修复等关键技术，推进农业科技创新和体制机制创新，推进科学种养，增强创新驱动发展新动力，促进农业发展方式转变。

到2020年，主要农作物耕种收综合机械化水平达到80%，农业科技进步贡献率达到60%，建成完善的农业可持续发展机制。

9.2 主要措施

9.2.1 加快科技创新驱动

依托农业高等院校、科研院所和龙头企业，搭建产学研协作平台，积极承接国家体系的创新成果，重点围绕节水农业、农畜污染治理、农药化肥减施、畜禽科学饲养、渔业健康养殖、农产品质量安全、病虫害统防统治等关键领域集中攻关，到 2020 年科技创新实现"三百"目标，即：引进培育 100 个新品种、制定 100 项标准、研制 100 种新产品，配套研发一批新型农业机械装备。

通过完善科技成果利益分配机制，加快示范推广高效、节约、环保农业模式，推进技术落地、进场、入户。加快优良品种、节水品种的推广和应用，推进农业机械化生产，加快节水灌溉、保护性耕作、深松整地、秸秆还田、秸秆收储运、化肥深施、水肥一体化、镇压保墒、病虫害机械化防治等农机化节本增效技术推广，促进农机服务市场化、专业化、产业化，不断提高农机利用效率。加快新型肥料农药产品和高效施肥施药新装备的研发应用。以高效施肥施药、土壤养分高效利用、新型农药及化学农药替代等关键技术为核心，集成、示范和推广化肥农药减量增效技术模式。推进畜禽水产集中饲养、规模饲养和绿色饲养，建设规模化养殖场废弃物和养殖污水处理及资源化利用技术示范工程。推广全程质量检验监督、重大病虫害和疫病防控等生产和管理模式，加强资源环境保护领域农业科技人才队伍建设，重点培养农业种植、畜禽养殖、农村环境监测、生态修复等方面的技能型人才，强化农业可持续发展的理念和实用技术培训。引入大数据、云计算等技术，建立农业信息监测体系，为农业灾害预警、水土环境质量监测、重大动植物疫情防控的科学决策提供支撑。

9.2.2 加强机制创新驱动

建立完善生态补偿机制。制定实施森林生态效益补偿基金制度、草原生态补偿制度、水资源和水土保持补偿机制、重点生态功能区转移支付制度。积极开展生态补偿试点，建立生态效益补偿基金绩效评价体系。加快研究起草生态补偿条例，明确生态补偿的基本原则、补偿对象、资金来源、补偿标准、相关利益主体的权利义务、考核评估办法、责任追究等。加强退耕还林还草机制建设，全面落实草原生态保护补助奖励政策，推进京津风沙源治理和草原防灾减灾，促进草畜平衡。完善涉海工程生态资源损害补偿赔偿机制，加强渔业资源保护和生态修复。积极探索和推广碳汇交易、排污权交易、水权交易等补偿方式，逐步形成市场化补偿模式，拓宽资金渠道。

健全农业资源市场化配置、有偿使用机制。推进农业水价改革，制定水权转让、交易制度，建立合理的农业水价形成机制。培育农业废弃物资源化利用和污染治理的专业化主体，建立第三方治理模式，实现市场化有偿服务。

加快构建灾害保障机制。建立灾害预警、应急救援、救灾保障、救灾奖惩、保险等保障机制，完善防灾减灾应急预案。

第10章 开展农业可持续发展示范创建

10.1 思路目标

集成示范农业资源高效利用、环境综合治理、生态有效保护等领域先进适用技术，开展绿色畜牧业、健康水产、种养结合、农业可持续发展示范创建，探索适合不同区域的农业可持续发展管理与运行机制，形成可复制、可推广的农业可持续发展典型模式，打造可持续发展农业的样板。

到2020年，全省创建畜牧业绿色发展示范县10个，水产健康养殖示范县5个，种养结合生态循环绿色农牧业试点2个，农业可持续发展示范县30个、示范园区200个，因地制宜、循序渐进地扩大示范推广范围，稳步推进农业可持续发展。

10.2 主要措施

10.2.1 创建种养结合生态循环绿色农牧业试点

开展种养结合生态循环绿色农牧业试点创建工作，以黑龙港和张承地区为重点，结合资源环境承载力分析，促进种植业和养殖业互动协调发展，推广种养结合生态循环绿色农牧业"三个循环"，即农牧产业融合县域立体大循环、农牧结合区域多向中循环、种养结合引导主体双向小循环，统筹农牧产业、沼气工程建设、有机肥加工、农牧业废弃物收集处理、休闲农业、美丽乡村等配套服务措施，推进养殖场"三改两分"工程和标准化屠宰工程建设，推进适度规模的标准化饲草基地工程建设，加大种植、养殖废弃物的资源化利用，探索农业废弃物第三方治理的可复制模式，延长资源化利用产业链，实现"以种促养、以养定种"循环发展。

10.2.2 创建畜牧业绿色发展示范县

加快发展畜禽标准化规模养殖，切实做好动物疫病防控，鼓励广大养殖场户采用高架床等养殖模式，加强废弃物处理设施建设，提高现代化设施装备水平，持续提高绿色畜牧业发展水平。持续提升畜禽养殖规模化水平，适度规模养殖成为畜牧业生产的主体。推行种养结合的生态畜牧业，打通种养业协调发展通道，促进循环利用、变废为宝。建设病死畜禽专业无害化处理厂，推行病死畜禽集中处理。

10.2.3 创建水产健康养殖示范县

重点在环渤海地区，加强水生生物自然保护区和水产种质资源保护区建设，加强海洋环境监测机构能力建设，提高渔业水域污染防控和应急处置能力。进行岸滩岸线整治修复，重要渔业海域禁止实施围填海。严格执行休渔禁渔制度，积极开展海洋牧场建设，发展生态渔业，推行节能节水的封闭式或半封闭式循环水养殖模式，促进水产健康养殖发展。

10.2.4 创建农业可持续发展示范县和示范园区

开展整县（市区）农业可持续发展示范创建活动，探索适合不同区域的农业可持续发展管理与运行机制，形成可复制、可推广的农业可持续发展典型模式，打造可持续发展农业样板。通过集成示范农业资源高效利用、环境综合治理、生态保护等领域先进适用技术，重点在畜禽养殖优势区，建设一批规模化畜禽养殖场粪污处理与资源化利用示范点、养殖密集区畜禽粪污处理和有机肥生产设施；重点在粮食主产区，全面推广秸秆肥料化、饲料化、基料化、原料化和能源化利用技术模式，建立完善的市场化运行机制，推动秸秆综合利用产业化发展模式；重点在地膜污染较严重的地区，推广使用 0.01 毫米以上厚度地膜和可降解地膜，集成示范推广农田残膜捡拾、回收等相关技术模式，建设废旧地膜回收网点和再利用加工厂，实现地膜污染防治。

第 11 章 保障措施

11.1 加强组织领导

建立由省农业、发改、科技、财政、国土、环保、水利、林业等部门负责同志参加的联席会议制度，形成统一领导、分工负责、协作配合的工作机制。制定各项目标任务的分解落实方案和重大工程实施办法。建立健全规划评估体系，完善利于规划实施情况的监测、评估、考核机制，加强督促检查与指导，确保规划顺利实施。建立由有关部门参加的农业可持续发展部门协调机制，加强组织领导和沟通协调，明确工作职责和任务分工，形成部门合力。市县级人民政府要围绕规划目标任务，统筹谋划，强化配合，抓紧制定地方农业可持续发展规划，积极推动重大政策和重点工程项目的实施，将规划实施工作将列入年度目标责任制重点考核内容，确保工作成效。

11.2 加强政策扶持

根据功能区定位，配套出台差别化的区域产业发展支持政策。推动投资方向由生产领域向生产与生态并重转变，投资重点向保障粮食安全和主要农产品供给、推进农业可持续发展倾斜。认真落实好测土配方施肥、低毒生物农药补贴、病虫害统防统治补助、农机具购置补贴、耕地质量保护与提升、农业清洁生产示范、种养结合循环农业、畜禽粪便资源化利用等项目扶持政策。加大资源环境保护补偿力度，在地下水超采区实施小麦等耗水作物结构调整，对节水技术给予政策补贴；在生态涵养保护区，加大生态补偿力度，继续实施草原生态奖补政策；加大标准化规模养殖场建设、养殖废弃物资源化利用、病死畜禽无害化处理的补贴力度。探索建立公共财政、企业自筹和社会资金共同参与的多元化投入机制和生态补偿机制，鼓励生产者实施清洁生产。加强部门沟通协调，建立和完善农业可持续发展财政长效支持政策。积极争取金融、保险、税收等优惠政策，支持化肥农药使用量零增长行动。切实提高资金管理和使用效益，健全完善资金监督检查、绩效评价和问责机制。

11.3 健全监督机制

创建农业可持续发展的评价指标体系，将耕地红线、资源利用与节约、环境治理、生态保护纳入各级政府绩效考核范围。对领导干部实行自然资源资产离任审计，建立生态破坏和环境污染责任终身追究制度和目标责任制。逐步建立完善与国家体系相衔接的制度，包括技术需求与任务确立制度、信息交流与资源共享制度、绩效评价制度、人员考评动态管理制度、知识产权保护和成果管理制度以及相应的运行机制，用制度促进团队建设的顺利实施，保障创新和服务的成效。建立健全公众参与机制，充分利用报纸、广播、电视、新媒体等途径，加强农业可持续发展和农业结构调整、农业面源污染防治的科学普及、舆论宣传和技术推广。大力宣传农业可持续发展工作的意义，推广普及循环农业、生态农业、节水高效农业模式与技术，让广大群众参与到农业可持续发展工作中。建立完善农业资源环境信息系统和数据发布平台，推动信息公开，及时回应社会关切的热点问题，畅通公众表达及诉求渠道，充分保障和发挥社会公众的知情权和监督权。深入开展生态文明教育培训，提高农民节约资源、保护环境的自觉性和主动性。

11.4 强化法制保障

积极推进法规、规章体系建设，提升立法质量。贯彻执行国家土壤污染防治法、农药管理、基本草原保护、农业环境监测、农田废旧地膜综合治理、农产品产地安全管理、农业野生植物保护等法规章程。完善河北省农业和农村节能减排法规体系，健全农业各产业节能规范、节能减排标准体系。制定完善农业投入品生产、经营、使用、节水、节肥、节药等农业生产技术及农业面源污染监测、治理等标准和技术规范体系。加快推进河北省草原条例、河北省动物防疫条例、农产品质量安全法实施办法、农业技术推广法实施办法、休闲渔业管理办法等法规规章的起草修订工作。健全农业执法体系，创新农业执法体制机制，规范执法行为，围绕执法队伍、执法能力、执法手段等方面加强执法体系建设。整合种植业、畜牧业、渔业、农机、农经执法资源，在全省范围内扎实推进农业综合执法。不断深化行政审批制度改革，推进行政审批网上办公系统，实现省市县三级联网。进一步健全农业检验检测体系，鼓励和支持建设综合性检验检测机构。落实农业资源保护、环境治理和生态保护等各类法律法规，加强跨行政区资源环境合作执法和部门联动执法，依法严惩农业资源环境违法行为。开展相关法律法规执行效果的监测与督察，健全重大环境事件和污染事故责任追究制度及损害赔偿制度。全面落实执法责任制，加大执法责任追究力度，确保执法人员按照法定权限和程序行使权力，履行职责。

图书在版编目（CIP）数据

京津冀地区农业绿色全要素生产率测算及影响因素研
究 / 黄映晖等著. -- 北京：中国农业出版社，2025.

1. -- ISBN 978-7-109-33039-9

Ⅰ．F327.2

中国国家版本馆 CIP 数据核字第 2025E9K747 号

京津冀地区农业绿色全要素生产率测算及影响因素研究
**JINGJINJI DIQU NONGYE LÜSE QUAN YAOSU SHENGCHANLÜ
CESUAN JI YINGXIANG YINSU YANJIU**

中国农业出版社出版

地址：北京市朝阳区麦子店街 18 号楼

邮编：100125

责任编辑：边　疆

版式设计：小荷博睿　　责任校对：张雯婷

印刷：中农印务有限公司

版次：2025 年 1 月第 1 版

印次：2025 年 1 月北京第 1 次印刷

发行：新华书店北京发行所

开本：700mm×1000mm　1/16

印张：13

字数：187 千字

定价：85.00 元